PDCAを回して結果を出す！

TikTok 集客・運用

集客・運用マニュアル

P Plan
D Do
C Check
A Action

今井 みさき
Imai Misaki

つた書房

■ はじめに

「バズれば、商品が売れるのに。」「バズりさえすれば、人生が変わる。」こんなことを考えたことはありませんか？

実は、今の時代は「バズ」と目標達成の関係がどんどん薄くなってきているのです。

新卒で大手金融機関に入社し、当時の私はバリバリのキャリアウーマンという言葉がピッタリ。営業成績トップで、社会的には褒められる大人になったかもしれないけれど「本当にこれでいいのか」と常に満たされない毎日を過ごしていました。

そんなある日、突然の病気宣告。明日、目が覚めないかもしれないと考えた時に書いた「人生で叶えたいことリスト」に、人生の全てを捧げていたはずの仕事のことがひとつも書かれていないことに気が付き、会社員を辞める決意をしました。

その後、妊娠・出産を経験し、ただ目の前にいる生命体を生かすことだけに必死な毎日。「あの頃は、あんなに社会から必要とされていたはずなのに……」夜中、2時間ごとに泣きじゃくる息子の隣で一緒に泣きながら「このままじゃ、自分が自分でなくなる」そう思ったのが起業のスタートです。

ビジネスをいろいろ学んでいるとショート動画の時代の流れが来て、何者でもなかった私は「バズりさえすれば、私の人生が変わる」と、本気でそう思いました。TikTokを開設し、あの手この手でTikTokのノウハウを学び、毎日投稿をした結果、10日で300万再生され念願の「バズ」をゲット。

だけど……何も変わらなかったのです。

現在は、会社を立ち上げ、様々な業種の企業のSNS・ショート動画

のプロデュースをお任せいただいたり、大学で学生に向けてSNSを活用した起業の講義などもさせていただけるようになりました。関わらせていただいた企業の中には、SNS経由からなかなか購入に繋がらなかったお財布が、プロデュースに入って3ヶ月後に25倍もの購入に繋がり継続的にSNSから売れ続けているという実例もあります。

　そんな今の私が確実に言えることは「バズっただけでは、何も変わらない」ということ。

　私がショート動画でビジネスを拡大できたのは、バズを目的にするのではなく「画面の向こう側にいる人の心を動かす。」これだけに全身全霊を注いできたからだと思っています。結局は動画を見てくれるのも、コメントをしてくれるのも、商品を買ってくれるのも、一緒に働いてくれるのも全部【人】だからです。

　そこを真に理解できた上で、この本でお伝えしているPDCAサイクルでTikTokの運用が出来たら、

- 価格に関係なくSNSから商品やサービスが売れるようになり
- あなただから買いたいというファンが集まり
- ビジョンに共感して一緒に働きたい人が集まり

本当に人生が変わると思います。

　この本は、あなたが読み進める中で実際に手を動かし、TikTokの投稿を一通りできるようになる未来を思い浮かべながら書きました。知識をインプットするために読むのではなく、TikTok運用から集客までこの本をお共にアウトプットを前提として活用していただけたら嬉しいです。

3

C ONTENTS

いまTikTokを
ビジネス活用すべき理由

押さえておきたい TikTokの基礎知識

TikTokのアカウントを作成しよう

アカウントのプロフィール設定

TikTokを運用するための目標設定

CONTENTS

TikTokに投稿する動画の制作と編集

CHAPTER-6

投稿した動画の分析&改善サイクルをつくる

CHAPTER-7

他にも押さえておきたい TikTokの機能

本書をお読みいただく上での注意点

●本書に記載した会社名、製品名などは各社の商号、商標、または登録商標です。

●本書で紹介しているアプリケーション、サービスの内容、価格表記については、2024年4月22日時点での内容になります。

●これらの情報については、予告なく変更される可能性がありますので、あらかじめご了承ください。

読者特典

今日から使える！ TikTokアカウントをゼロから設計・運用・分析できる「ワークシート」をプレゼント。

本書の内容が全て網羅されているこのワークシートを埋めていくことで、あなたのアカウントが最高のスタートを切り、そしてPDCAを綺麗に回していくことができます。

❶TikTokの運用目的

❷TikTokの運用の理想とするゴール

❸ターゲット設定、 ターゲットの悩み

❹プロフィール作成（アイコン、名前、自己紹介文、リンク先）

❺競合調査、 モデリング先調査

❻競合調査、 モデリング先分析

❼投稿のスケジュール管理表

❽台本のモデリング型

ファン化のアカウントづくり8つのポイントも網羅した完全ガイドブックワークシートをご活用ください。

本書購入特典のワークシートのダウンロードはこちら

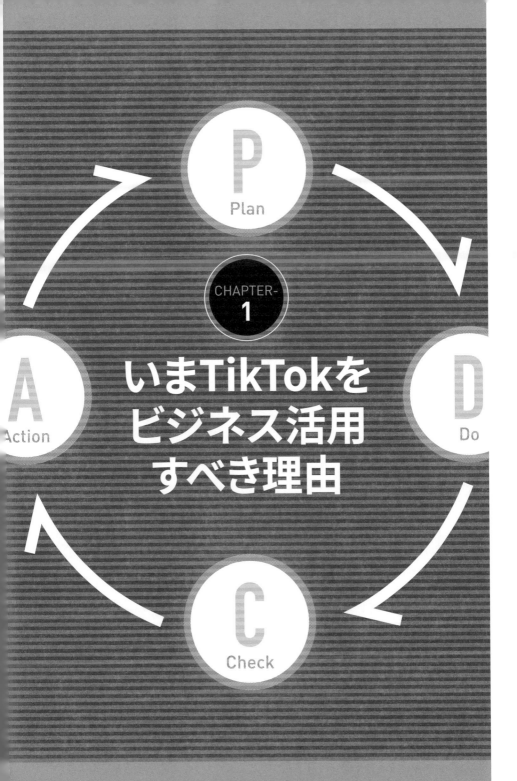

P
Plan

CHAPTER-
1

A
Action

D
Do

いまTikTokを
ビジネス活用
すべき理由

C
Check

誰でも簡単に成果が出るから面白い

SECTION 01

TikTokは、いまや若者が歌ったり、音楽に合わせて踊ったりするだけのプラットフォームではありません。TikTokならではの特徴や、いま参入すべき理由についてお伝えします。

TikTokとは

15秒から3分までの短尺動画（ショート動画）を共有できるプラットフォームで、動画投稿と閲覧に特化したスマートフォン向けのSNSのひとつです。ちなみに現在は、30分までの動画が投稿可能になり、プラットフォームとしての可能性が更に広がっています。

TikTokのアプリ内のカメラを利用すれば、「0.5倍速」「2倍速」などと早さを調整しながら撮影できたり、特殊効果を使って簡単に面白い動画を作成することができます。誰かが作った投稿やお題をマネして楽しむ文化もTikTok特有です。さらに、小顔効果、デカ目効果、美肌効果などを使用し、"盛れる"動画を撮影できることも若者や女子に人気の秘訣です。

楽しい！ 面白い！ が詰まったプラットフォーム

あなたはTikTokを活用してビジネスを拡大させたいですか？

TikTokは本当に楽しくて面白い、現代のビジネス拡大にとっても適したプラットフォームなのです。

TikTokは、15秒〜3分程度の短い動画、いわゆるショート動画を投稿・視聴できるSNS。好きな時間に、サクッと視聴できる手軽さと小さな画面で体験できるエンターテイメント感が魅力です。

ユーザー数は年々増加しており、ユーザー層は10代〜20代が一番多

いものの、利用者平均は約36歳と年々上昇しています。企業などのビジネス利用も増えてはいますが、まだまだ先行者利益を得ることは可能です。

TikTokユーザーは、自分の好みに合った動画が次々と現れるのを楽しむという利用スタイルが一般的です。ユーザーの趣味嗜好が動画の表示アルゴリズムに反映されることや、投稿クリエイターがより良い動画をどんどん投入していくこともあり、アプリを開くと、飽きることなく次々と動画をみてしまう状態になってしまうのも特徴です。たまに、「なぜこんな動画が？」と思われる意外な動画が、思いがけず表示されるのもまたガチャのような楽しさを感じる部分です。

こうして、楽しい、面白いを求めて人が集まるプラットフォームだからこそ、共感やファンを集めやすく、ビジネスに活用していくことができるのです。

アルゴリズムを理解すれば誰でも再現できる

TikTokには、投稿した動画が拡散される仕組みであるアルゴリズムがあります。この仕組みに沿った動画を投稿することで、再生数を伸ばし、多くのユーザーに視聴してもらって、認知拡大することが可能です。

私はTikTokのアルゴリズムを学びながら実践し続け、伸びる仕組みを把握してショート動画の投稿を始めたことで、動画の再生数もフォロワー数も増え、現在ではTikTokを中心としたショート動画のスクールや運用代行・プロデュースの事業を行っています。スクールで学んだ生徒さんも、運用を任せていただいているクライアント様も、同じようにアルゴリズムを活用して再現することができています。

例えば、ペット系アカウントでは3投稿目で100万再生、1週間でフォロワー1,000人になったクライアント様もいれば、心理系を発信しているアカウントでは4投稿目で80万再生、5日目でフォロワー1,000人

という結果を出せています。

　投稿クリエイターがアルゴリズムを知り、視聴ユーザーに「楽しい！面白い！」を届けることができれば、自力で階段を登るというより、高速エレベーターに最上階へと引き上げられるような感覚で、チャンスを掴むことができるのです。「ビジネスを飛躍させたい」「新しいチャンスを掴みたい」と思っている方は、TikTokは理想が叶う最短ルートになるのではないかなと思います。

なぜ、TikTokは発信しやすいのか？

　ショート動画とはいえ、動画編集となると難しいソフトやスキルが必要と思う方もいるかもしれません。ですが、特別な機材などは一切必要ありません。撮影、編集、投稿まで、すべてスマホのTikTokアプリ内で完結できます。

　TikTokアプリのカメラを使えば、撮影を一度止めて、もう一度再開すると途中から撮影を開始することができるので、通常の動画編集では必須のカット編集をすることなく、テンポの良い動画を撮影することも可能です。また、流行りのBGMを挿入したり、おしゃれなエフェクトを追加することも、TikTokアプリ内で選択してタップするだけで可能です。

　動画編集が初めてという方でも、「こんなに簡単にショート動画ができた！」と楽しんで編集することができるでしょう。

　また、TikTokには、既に投稿された大量のショート動画が蓄積されているので、参考にできる事例がとても多いです。なので、「どのような動画で発信しよう？」「どんな構成がよく見られているんだろう？」と発信の方向性を決めるうえで、似たジャンルの沢山の動画の中から選ぶことができます。

SNSの概念を変えたTikTokのすごい特徴

TikTokの大きな魅力のひとつが、拡散力の高さです。多くのSNSの場合、アカウント自体のフォロワーが多くなければ拡散や「バズ」などは起こりづらい仕様になっていますが、TikTokは全くフォロワーがいない状態からでも、コンテンツさえ面白ければ多くのユーザーに表示される仕組みになっています。

「フォロワー0人の状態で、投稿した動画がどれくらい再生されるのか？」については様々な検証が行われており、数字の幅はあるものの、フォロワー0人の状態でも200回再生はされる仕組みになっているようです。この新米の投稿にやさしいアルゴリズムも、いつ変更になるかは誰も知ることができませんが、新規アカウントでも影響力をつけていく事は誰でもできます。

TikTokは何者でもないゼロの人でもチャンスのある場所です。これはこれまでのSNSの当たり前と大きく異なるすごい特徴です。

また、TikTokは様々な音楽を簡単に利用できるという、他のSNSにはない機能が拡散力の要因のひとつになっています。動画を投稿する際に音楽ライブラリから楽曲を選択するだけで動画に組み込むことができます。特定の曲がTikTokで人気になると、その曲がトレンドとなり、多くの投稿クリエイターがその曲を使用するようになります。流行の音楽や曲に合わせたダンスチャレンジなどが生まれ、ユーザー同士のコミュニケーションや競争心を促し、その結果として拡散が拡大していきます。

このように、TikTokでは動画にどの音楽を使用するかはとても重要になってきますので、使用する曲の選び方やリサーチ方法についてはCHAPTER-6で詳しく解説していきます。

新しい機能も次々に追加されて、編集機能やカメラ機能、テンプレートなどのバリエーションがどんどん増えているのもTikTokの特徴で

す。また、収益化機能なども、ユーザーの声を聞いてどんどんアップデートされています。「今まで使ってなかったけどこんな機能もあったのか」と発見しながらボタンを触ってみるのも楽しみ方の1つです。

TikTokから有名になった人・モノ

2020年の紅白にも出場したアーティスト瑛人の「香水」。サビ部分の「ドルチェアンドガッバーナ」の響きがキャッチーで耳に残る曲ですが、この曲は発表された当初はあまり注目を集めることはなかった曲でした。この曲の発表から1年後、本人のアコースティックカバーをTikTokに上げたところ、ステイホーム期間中に特に流行していた「歌ってみた」動画として、有名人や投稿クリエイターによって次々にカバーされました。やがて「バズリ」が巻き起こり、社会現象となったのです。

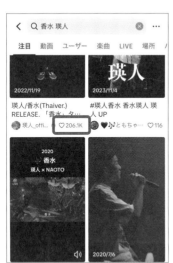

オフィシャル配信は20万以上のいいねを獲得しており、多数のカバー動画が配信されている。

16

同じく紅白出場アーティストの優里も「ドライフラワー」の曲が
TikTokの音源に選ばれて人気に火が付きました。

ドライフラワーは、
2万7500本の動画で
楽曲を使用されてい
ます。

　音楽の流行だけでなくTikTokをきっかけに商品が売れる「TikTok売
れ」の現象もたくさん起きています。
　そのひとつが化粧品ブランドKATEの「リップモンスター」です。発
売から約10カ月で累計出荷本数240万本を突破しました。コロナ禍で、
マスクをしていてリップは売れないという状況下で、ブランドのPR戦
略の一環でTikTokが活用され、インフルエンサーの投稿した動画を次々
にマネする投稿が増え、その機能性や使用感の口コミも多くシェアさ
れ、大ヒットとなりました。

中学生YouTuberグループのちょんまげ小僧の「ひき肉です」の挨拶は、プロスポーツ選手の得点やゴールパフォーマンスで使われるほど流行しましたが、この「ひき肉です」の挨拶が各SNSでも流行しはじめ、TikTokでリミックスの音源が作られたことで、音源に合わせたダンスを人気アーティストが踊るなどして、バズが拡大していきました。

「ひき肉です」の挨拶は、多くのクリエイターがポーズを真似する動画を配信しています。

　TikTokの流行は国内だけでなく海外にも繋がっていきます。
　サビ頭の「Chu！」の歌詞に合わせて投げキッスをするダンス動画が流行した楽曲「可愛くてごめん」は、楽曲のテーマに合わせたメイクアップ動画など様々なシチュエーション動画がTikTok内で流行し、K-POPアーティストもダンス動画を投稿するなどして世界へと拡がっていきました。また、ライフハック動画を皮肉ったネタで人気のTikTokフォロワー数世界一を誇るアメリカ人のカビー・ラメは日本人にも多くのフォロワーがいます。

イラスト化した動画
のほかアイドルやク
リエイターがこぞっ
て配信しています。

　このような事例は個人から大企業まで、数えきれないほど出てきて
います。これだけ社会現象を起こすチャンスが眠っているのがTikTok。
すごいですよね？

　今から始める場合でも全然、遅くありません。あなたもムーブメン
トを巻き起こすコンテンツを考えてみてください。

　自分でも想像していないことが未来に起きてしまうかもしれません。

様々な角度からアプローチできる唯一無二のSNS

SECTION 02

1

SNSの中でも独自の魅力が多いTikTok。ビジネスに活用する発信の際には、受け手であるユーザーの特性に合わせて様々な角度からアプローチすることができます。

伝わる情報は文字・映像・音楽と多岐にわたる

　書籍やnote、X（旧Twitter）は文字が中心、YouTubeは映像が中心、インスタでは見栄えのする写真が中心など、媒体ごとに特徴がありますが、TikTokでは文字に加え、映像、音楽という、いくつもの要素を網羅しています。

　認知科学者の苫米地博士によると、人間の脳の出入力には五感（視覚、聴覚、味覚、嗅覚、触覚）と言語を合わせた六感の「モーダルチャネル」があり、モーダルチャネルには人によって優位性が異なるとされています。

　大切な人とレストランに行くときのことを想像してみてください。なにを最初に想像して、どんな部分が気になりましたか？　実は、視覚優位タイプの人は、店内の内装や美しく盛りつけられた料理のことが気になります。聴覚タイプの人なら店内のBGMやお肉などを焼いている時の音、周りのお客さんの会話が気になります。味覚タイプの人なら料理の味が、嗅覚タイプの人なら漂ってくる料理の匂いが気になります。このように、人それぞれが自分が得意とする感覚器官を使って、情報を取り込んでいます。そして、TikTokは視覚、聴覚、言語と3つのチャネルに同時アクセスできるのです。

様々なアプローチで人の心を動かすことが出来る

　TikTokでは、視聴ユーザーが、自分の取り込みたい情報を好みの方法で得ることができるように、投稿を作成します。文字で情報を取り込みたい人、映像で情報を取り込みたい人、音楽で情報を取り込みたい人へ向けて、1つの投稿ですべての感覚器官を刺激するのがポイントです。スマホ画面の向こう側にいる視聴ユーザーがどんなものを欲しているのか、どんな表現をしたら刺さるのか、それを考えること自体はマーケティングのスキルと近い部分がありますね。

　文字であれば、引き込まれる書き方や頭に残るキャッチコピーを、動画であれば、飽きさせない工夫や見やすい編集を、音楽であれば、雰囲気作りにとても影響がありますので、どんな曲のどの部分を使い、どんなブランディングをしていくのかなど、少しの違いで全体の印象はガラリと変わります。

　これらの投稿作成の具体的なポイントはCHAPTER-6の中で解説していきます。このスキルを得ることができれば、TikTokの投稿に限らず、人の心を動かすことができるようになり、ビジネスのどんなシーンにも活かすことができます。ぜひ楽しんで取り組んでみてください。

いまショート動画を選ぶべき理由

1

SECTION **03**

スマホで手軽に見ることのできる「縦型ショート動画」は各種SNSで人気上昇中。なぜ今ショートが好まれるのか、背景と特性についてお伝えします。

タイパ重視の時代にマッチ

テレビや映画も倍速再生で視聴されるなど、タイパ（タイムパフォーマンス）が重要視される今の時代、多くの人はスマートフォンを使って、短時間で情報を取捨選択したり娯楽を楽しむ傾向が強まっています。

情報が溢れている令和の時代に、人々は秒単位で、その情報が自分にとって必要かどうかを判断しています。ショート動画は、短時間で見られる手軽さと情報量の多さが時代とマッチして、好まれているのです。

自己紹介でわかる文字と動画の情報量の違い

文字で伝わる情報と、動画で伝わる情報はどれくらいの違いがあるか考えたことはありますか。動画には、文字のみの場合と比べて、5,000倍もの情報が入っていると言われています。

人間はコミュニケーションの際に、視覚情報55%、聴覚情報38%、言語情報7%の割合で影響を受けていると言われており（メラビアンの法則）、ほとんどの情報を「視覚」と「聴覚」という感覚的な部分で受け取っています。

文字だけではうまく取り込めないものでも、同じ情報が動画になっていると情報が入りやすくなります。また1分間の動画には180万語も

の情報が入っているとも言われています。

　文字だけの情報と、画像や映像の情報の違いを体験していただけたらと思いますので、まずは下の自己紹介文を1分間でご覧ください。

自己紹介文

愛知県岡崎市に3姉妹の末っ子として生まれ、小さい頃は人見知りがすごくお母さんから絶対に離れられない甘えん坊、保育園でも自分から話しかけた記憶がないほど。母と父がディズニー好きで家族全員血液的にディズニーオタクになり愛知に住んでいたが毎年1年に2回車でディズニーに行くのが恒例行事。その時間が小さいながら人生の全てだった。半年かけて、ディズニーでの1日を楽しむ為の作戦会議をしたり誰にどんなお土産を買っていくか考えたり何を着ていくか考えたり。そして当日は世界で一番幸せな気分を感じ帰りの車で号泣。毎回毎回これの繰り返し。小学中学高校になっても変わらず。大学は上京し友達や一人でも自由にディズニーに行けるようになりそこから10年以上年間パスポートを所持。海外ディズニーにも興味を持ち香港ディズニーの年パスも買い週末でリュック背負って香港へいっていたほど。そこから世界のディズニーパークも全て周り、ディズニーの思い出が増えれば増えるほど感じる「私は感動していたい、そして人の心を動かしたい」熱い想い。だけど社会に出て世間体とか当たり前で自分の心に蓋をして生きていた5年間。気づいたら身体も悲鳴をあげていて、24歳の夏突然の手術が必要と宣告され、私の人生本当にやりたいことって？と向き合うきっかけに。そこで改めて、『子どもの頃のワクワクを、もっと大人が表現できたらいいのに』そんなことが許容される社会になったらいいのにと感じる。そこから自分に

最後まで読み切れないうえに記憶に残りにくい。

　自己紹介の時、文字だけで相手の内容を理解しようとしても、読むのにも時間がかかり、相手の事を積極的に理解しようという前向きな気持ちでなければ、文字数が多いと読むのも面倒に感じる人もいると思います。しかも、ほとんどの情報が記憶に残らないので届きません。

　次に、私の自己紹介動画をご覧ください。見ていただくと分かるように、費やす時間が同じ1分でもそこから得られる情報量の違いを感じていただけると思います。

　次ページのQRコードから、実際の動画をご覧いただくことができますので、使用しているBGMなども含めて、ぜひご覧ください。

自己紹介動画キャプチャ

カラフルな色合い（実際の映像は虹色）、幼少期からディズニーに行っていること、生粋・オタクなどの言葉選びで、どのような人なのかが分かる。

文字でも「楽しいことが好き」と表記し、映像もトランポリンで元気に跳ねている様子を載せることで、元気で楽しいことが大好きな様子を二重に表現できている。

自己紹介動画QRコード

こちらから私の自己紹介動画の本編をご覧いただけます。

　私みさっきーが、女性であり、ディズニーが好きで、元気な雰囲気、どんな思いで生きているのかなど、1分の動画でお分かりいただけたのではないでしょうか。

このように、伝わる情報量の多さや、一気にその人を身近に感じて
しまうことができるのが動画の魅力の一つだと思っています。

男性バージョンとして、もう一つ素敵な自己紹介動画を配信されて
いる、てらっち☆ビジネス宿命鑑定さんの動画も参考にしてみてくだ
さい。

てらっちさん自己紹介動画QRコード

こちらからてらっちさ
んの自己紹介動画をご
覧いただけます。

編集自体はこんなにシンプルでも、字幕テキストと、グッとくる音
楽と、途中に写真を入れたりする表現技法で、人の心を動かす動画に
仕上がっています。2分30秒の動画で、結婚式の生い立ちムービーを
見ているかのようなボリューム感です。苦労を乗り越えて、今のビジ
ネスをやってることが伝わって、この一本の動画で、この人に任せた
いと思わせる動画になっています。

「バズりたい」欲求と得られる結果にはギャップがある

1

SECTION **04**

SNSでの拡散のひとつの成功例のようにもなっている「バズ」ですが、ビジネス活用する際に「バズ」が必要なのかについて、実際の体験談を交えてお伝えします。

バズりかファン化か？ 人は潜在的に認められたい

あなたは、せっかくショート動画をやるのなら「バズらせたい」って思いませんか？

これまで何件もの企業や起業家のアカウント運用代行をする中で、まず最初に運用の目的は何か、どこを目指して投稿していくのかをすり合わせて発信をスタートします。ですが、いつの間にか全員「バズりたい」という言葉が出てくることが多いです。

最初の打合せ段階では、「バズらせること」と「ファン化すること」の違いをそれぞれお伝えすると、皆さん最初は「ファン化したい」と言われます。ファン化をしたほうがサービスの購入に繋がりやすいからです。しかし、運用を始めていくと商品は売れていて、運用代行を始めた当初の目的を達成できているのにもかかわらず、「再生数が伸びません」とおっしゃる方が多いのです。

人には潜在的に「認めてもらいたい」という欲求があるので、「SNSで発信するならバズりたい」という想いが捨てきれないということが分かってきました。

バズったけど、商品が売れなかった過去

私自身のショート動画が初めてバズったのは、2022年に出した「運がよくなる数字」についての動画でした。初めて自分の動画が123万

再生され、「こんなにも多くの方に見てもらえるなんて！」と心を躍らせました。自分が作った投稿に対して沢山の反応をもらえたことも、とても嬉しくて気持ちのいい体験でした。

　たった1本の動画でフォロワーも2,000人増えました。

　しかし、バズりの後、何が起きたかというと、ビジネスとしては何も起きませんでした。自分の「売りたい」と思っていた商品の購入には繋がることは無かったのです。当時は「バズらせたら、きっと何かが起きる」と思っていたのですが、再生数が伸びて多くの人に届いても、ただ「それだけ」で終わってしまったのでした。

4つのショート動画スタイル

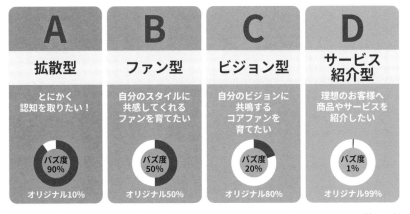

オリジナルの表をもとに発信スタイルの方向を決めていきます。CHAPTER-5で詳しく解説します

バズっても実はビジネス的には意味がない!?

TikTokをビジネスで活用する場合、「バズり」は必要ありません。本当に大切なことはなんなのか、経験をもとにお伝えします。

バズりと売り上げは直結しない

　いきなり結論になりますが、私の経験からはバズりと売上は直結しないと言い切れます。もう少し詳しく説明すると、ビジネスに繋げていくためには、「人の心をいかに動かすか」と、心が動いたときにすぐに購入アクションに移せるような「ユーザー導線」が準備されてなければいけません。

　再生数を伸ばすことは難しいことではなく、バズりに振り切った動画ばかりを出していくこともできます。しかし、再生数が伸びるかどうかを気にした動画投稿になると、目的が「バズること」にズレてしまい、当初考えていた「届けたい人」に想いやメッセージが届かなくなったり、動画は視聴されて再生数が増えても、その投稿のクリエイターに対する興味がまったく湧かないということが起こり、商品購入までは繋がらなくなります。

　私自身、Instagramのショート動画で123万再生されるバズりを起こした結果、そのアカウントには人が集まりすぎてしまい、私が届けたいターゲットへのメッセージは届きづらくなってしまいました。ショート動画の編集方法や活用方法を発信していたアカウントだったのですが、既存顧客のターゲットとは離れた、今すぐに顧客にならない層までを集めてしまったからです。

　そのため、集客用に新しいInstagramアカウントを立ち上げ、「届け

たい人に届く」ショート動画の投稿をスタートし、「既存顧客」「顧客
に近い層」「教育したら顧客になる層」に向けた発信をしています。現
在、Instagramのフォロワー数は800人ですが、広告を出さなくても、
ショート動画を見てメッセージに共感してくれる人が集まり、私が運
営しているビジネスコミュニティは半年に1回の募集の度に、毎回定
員になっています。

ビジネスの根本「人の心を動かす」

　バズりは売上に直結しないとお伝えしてきましたが、バズりが悪い
わけでも、ビジネスに必要ないということでもありません。最初にバ
ズったあと、ファン化に成功している発信者もいらっしゃいます。
　バズりと売り上げが直結しない理由というのは、伸びやすい投稿で
再生数が稼げても、そこに目的やあなたらしさが一切なければ、ただ
のオモシロ投稿で終わってしまうということなんです。
　ビジネスで大切なのは自分の「想い」で、いかに人の心を動かせる
かどうか。あなた自身の生々しい経験やあなたにしか伝えられない熱
い想いが、言葉や映像によって表現されて音楽に乗って、ユーザーの
心に届き、「あなただから」という理由で選んでもらえるようになるの
です。
　今の時代、ビジネスでうまくいくには様々な手段がありますが、そ
の1つとしてショート動画をマスターして、効率よく自分の「想い」
を「届けたい人」に届けましょう。

1

収益化のパターンを知ろう

TikTokをビジネス活用していく場合、どのような収益化のパターンがあるのでしょうか。種類と特徴に加えて、どのような導線で購入されるかを説明していきます。

TikTokから収益化する7つのパターン

TikTokで収益化していく場合、以下のようなパターンが考えられます。導入しやすい順に紹介していきます。

❶ライブ・動画へのギフト（投げ銭）

TikTok内だけで収益化できる機能の一つがTikTokライブ及び動画のギフト（投げ銭）機能です。ユーザーがライブ配信者に向けてギフトというアイテムを購入し贈ることができます。

❷アフェリエイト（成果報酬型広告）

企業の方から依頼されたり自身で交渉してアフェリエイト商品をPRするもので、商品紹介をしている動画にリンクを貼り、リンク先での商品・サービスの購入に応じて報酬を得るものです。フォロワー1,000人からアフィリエイトリンクを貼ることができます。

❸Series（シリーズ）

複数の限定コンテンツをまとめたプレイリストのようにシリーズを公開し、それらが購入されることで報酬を得ることができる機能です。1つのシリーズには、30秒〜20分の動画を80本まで収録できます。

シリーズへの参加には条件があり、18歳以上であること、登録してから30日以上経過しているアカウントであること、フォロワーが1万

人以上いること、過去30日間に1,000回以上の視聴数を獲得している
など複数ありますが、フォロワーが1万人未満であっても、他の参加
要件を満たしていれば、シリーズに申し込むことができます。顔出し
の有無、年代、取り扱うコンテンツによって向き不向きがあります。

■ ❹LIVEサブスクリプション機能（サブスク限定動画）

配信者の提供するサブスクリプションに登録することで、サブスク
登録者限定公開などの動画を見たり、サブスク限定ライブを視聴した
りすることが可能な月額制のサービスです。

■ ❺企業案件

企業からの依頼でサービスや商品のPRのための動画作成・投稿を行
い報酬を受け取るものです。商品のターゲット層と親和性の高いイン
フルエンサーが、その商品の説明や使用感などを伝えることで、購買
を促進します。フォロワー1,000人くらいから、DMで依頼が来ること
が多いようです。

■ ❻オリジナルコンテンツの販売

動画を通して自身が手がけるスクールやコミュニティなどの宣伝を
し、TikTokのプロフィールリンクに入会の申し込みができるようにし
たり、自身の開発した商品や書籍などの購入リンク、ホームページの
リンクを掲載して、集客・販促をします。フォロワーが5,000人くらい
になれば、スモールスタートで少人数のセミナーなどから気軽に始め
てみることをおすすめします。

■ ❼Creator Rewards Program（旧称「Creativity Program Beta」）

2024年3月から名前が変わり、高品質なオリジナルコンテンツを投
稿することで創造性を育み、多くの収益を獲得できる機会を作り出す
ためのクリエイター向けの報酬プログラムです。18歳以上から参加で

き、フォロワー数1万人以上、動画再生回数10万回以上を満たしているほか、コミュニティガイドラインを遵守し、クリエイティブな動画投稿を継続している投稿クリエイターが参加対象です。

購入者を迷わせない導線が肝心

せっかく「動画を通してファン化に成功した！」「バズりが起きてフォロー数が増えた！」となっても、そこから「もっと詳しく知りたい」「買いたい！　体験したい！」と思ってもらえたときに、どこで商品サービスの詳細が見れるのか、申し込みができるのかが明確にわかる状態にしておく必要があります。

心が動いた次の瞬間に、「詳細がどこに書いてあるのかわからない」「申込がどこでできるのかわからない」と感じただけで、ユーザーはすぐに興味を失い、あなたから離脱してしまいますので、大きな機会損失となってしまいます。

物販であれば、プロフィールにECサイトへのリンク掲載するなど、すぐに商品購入ページに飛べるようにします。オンラインスクールやコミュニティであれば、内容を詳しく知ることのできるページやLINE公式へ誘導して、引き続きの情報提供を受け取れたり、無料相談・体験会などを申し込みできるリンクを掲載しておくなど、準備をしておきましょう。

せっかくあなたに興味をもってもらえても、せっかく商品を購入したいと思ってもらえても、その購入までの導線が整っていないと、あなたの商品を求める人に適切に提供することができずに終わってしまいます。

共感を得ることが
ビジネスに繋がる

SECTION
07

ショート動画を活用して目指すのは、価格や機能の差別化に加え、共感され選ばれた先にあるビジネス。共感されるクリエイターに必要なことについてお伝えします。

現代のSNSを攻略している人の共通点

多くの企業や起業家のアカウント運用をしていますが、伸びていくアカウントには共通点があります。それは、提供しているサービスに対する「情熱」や「想い」です。これが本当に大切だとつくづく感じます。戦略を立てることももちろん重要ですが、「そもそも、なぜそれをやっているのか」「どんな人に届けたいのか」それを表現できて、画面の向こう側にいる視聴ユーザーへと伝えられている人が現代のSNSを攻略でき、ビジネスでも結果を出しています。

ショート動画が流行りはじめた頃は、著名人の名言やライフハックなど、ネット上でも良く見る情報をまとめたようなものがバズっていましたが、時代の流れは少し変わってきています。

動画を通しても、その想いや情熱はエネルギーとなって伝わっていくので、共感・共鳴してくれるフォロワーが集まり、やがてビジネスに繋がっていきます。

想いを伝えていくことで集まるのはお客様だけではありません。仕事の仲間や、困ったときに助けてくれる人との関係性を築くこともできます。自分の想いを発信していくことで、人とのつながりで生きていけるようにもなります。

もう、情報だけで差別化をすることが難しい時代なのかもしれませんね。

好き！ 楽しい！ を味方につけて原動力に

目先の利益だけを目標にしてしまうと、はじめはやる気と気合で取り組むことができても、楽しいと思えなければ、続けることが苦しくなり、良い投稿もできません。

良い投稿ができなければ当然収益にもつながりにくく、共感や仲間を得ることも難しくなってしまいます。好きな事であれば壁にぶち当たっても前向きでいられるし、どうやって乗り越えようか、今何が必要かを考える力が湧いてきます。そしてなによりその過程すべてが「楽しい」になります。

TikTokにおいても、収益を上げるためだけではなく、想いを伝えるツールとして動画の撮影や編集、デザインや投稿など、どこに好きを見つけられるのかが継続のカギとなります。

想いと戦略のバランス感覚が大切

もちろんTikTokをビジネスとして活用していくには想いだけではなく、戦略や手段を考える脳も大切です。想いだけで走っても、伝えたい人に届ける術を知らなければ、闇雲に手を動かすことになり、そのバランスが取れていないと、つまづいてしまうからです。

いかに想いと戦略を50：50にできるか。「想いを詰め込んでいるのにどうして伸びないの！」と思ったら、では「届けるために、どの部分を改善したらよいか？」と考えることを積み重ねていけば、必ず目標の地点に立つことができます。

この本を通じて、あなたがそれぞれのバランスを明確にできたら嬉しいです。

画面の向こうの人は今、何をしてる？

　想いを届ける動画づくりのもう1つのポイントは「画面の向こう側で見てくれる人の目線になれるかどうか」です。「私の想いよ、届け！」というだけの独りよがりの動画では、誰にも目に留めてもらえず、一瞬でスキップされてしまいます。

　例えば、あなたのサービスを受けてほしい方は、どんな世代なのか、どんな状況にいる人で、ソファで横になって見ているのか、通勤中なのか、仕事中の息抜きなのか、癒されたくてスマホをみているのか、ライフハックや時短レシピなど情報収集をしたいのか、など制作前・投稿前にチェックしていくことが必要です。

　あなたの投稿を見てくれる人をありありと想像することができれば、次は、どうしたらその人がコメントしたくなるか、どんな表現だと最後まで見たい気持ちを維持できるのか、ということを考えていきます。いかに想像力を膨らませることができるかが大切です。

　自分で見て判断が難しければ、第三者にアドバイスをもらったり、視聴ユーザーにコメントで尋ねるという手段をとるのも有効です。

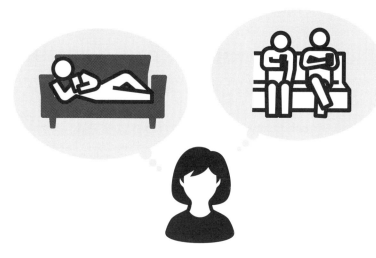

1 配信の目的を明確にして あとは楽しもう

SECTION 08

TikTokを上手に活用していくためには、「目的を持って一貫した発信を積み重ねること」そのために「楽しいと思って続けられること」がとても重要です。

何のために発信するのかを明確にしよう

発信を始めると、どうしても目先の再生数やフォロワー数などの数字にとらわれて、一喜一憂してしまいがちです。なんとなく思ったように伸びないから……と諦めてしまうことは本当にもったいないことです。発信を始めるときに、どのような目的で投稿していくのかを明確にしておきましょう。

集客のためなのか、販売のためなのか、交流のためなのか、自分自身が楽しむためなのか。また、あなたが視聴ユーザーに伝えたいことは何でしょうか？ 何を得るために発信しますか？

「どんな動画の内容にしようか？」「何を伝えていこうか？」迷ったときには立ち返る基準にしてみてください。

詳しい目標設定については、CHAPTER-5でお伝えしていきます。

投稿を続けるために自分の「楽しい」のポイントを知ろう

「投稿しなきゃ」「やらなきゃ」という義務感や焦りなどの重たい気持ちではなくて、いかに早い段階で「やりたいからやる！」「やりたくて仕方ない！」という状態になれるか？ で、結果は大きく変わります。そのためには、1つでも多く自分の楽しいと感じるポイントを見つけてみてください。

では具体的に、あなたが楽しいを感じるポイントがどこにあるのか、

下の一覧でチェックしてみましょう！

- ☐ 最新トレンドをチェックするのが好き
- ☐ 流行りものをリサーチするのが楽しい
- ☐ 流行りに敏感に反応できるのが好き
- ☐ 自分の考えを言葉にするのが好き
- ☐ 言葉で思考を整理するのが楽しい
- ☐ 文字をひたすらに書くことが好き
- ☐ 想いを形にするのが楽しい
- ☐ 話すことで自分がエネルギーが湧くのが好き
- ☐ 撮影することが楽しい
- ☐ カメラで美しい景色や瞬間を取るのが好き
- ☐ 動画を編集することが楽しい
- ☐ 動画の構成を考えるのが楽しい
- ☐ 最先端の機械を操作することが好き
- ☐ 一人で作業することが楽しい
- ☐ 仲間と作業するのが楽しい
- ☐ 自分の得意な事だけをやってるのが楽しい
- ☐ 人の心が動いたと思えた時が楽しい
- ☐ 人から反応がもらえるのが好き
- ☐ 自分の活動や発信で人に影響を与えるのが好き

　いくつ当てはまりましたか？ 楽しいポイントが分かったらそこを存分に楽しみましょう。楽しいをちょっと感じるだけでも、取り組む意気込みが変わってきます。「楽しい！」が積み重なった先に、ビジネスの成功も待っています。ぜひ楽しくTikTokを続けてみてください。

あなたが今やってることは感情が動いていますか？

　会社員を辞めた2020年。私はせどり、アフィリエイト、クラウドソーシングサイトなど、ビジネスの入口と呼ばれるものはどれもやってみたのですが、エネルギーが乗らず、結局成果が出るまで続けることができませんでした。

　そんなある時、マーケティングを教えていただいている横山直宏さんから、鶴の一声。

　「そんなにディズニーが好きならTikTokでディズニーの発信をしたら？　その方が楽しくない？」

　え？　私はハンマーで頭を殴られた気分になりました。「ビジネスとはこうでなきゃ」と人の成功事例ばかりを追い求めていたけれど、「好きなことをビジネスにしていいんだ！」と嬉しくなり、何の迷いもなく即行動しました。すぐに動画を撮って、翌日から毎日配信を始めると、なんと、10日間で300万再生を達成することができたのです。

　初心者でも結果が出せるTikTokに可能性を感じ、「ワクワク」という感情でTikTokのことをどんどん学び続け、運用コンサルティングや運用代行を始めてみました。すると「何この動画すごい！」「こんなにたくさんの人に届くなんて！」と喜んでもらうことができ、誰かを驚かせたり、感動させられたり、私は誰かの”心が動く”瞬間をエネルギー源に行動ができる人間なんだということを知ったのです。

　そこから、仲間がひとりずつ増え、会社を立ち上げたり、自分でも想像もしていなかったところまで来ることができました。

　「行動しないと、結果は出ない。」過去に色んなところでこの類の言葉を聞いてきましたし、間違いではないと思うのですが私の中では「自分の感情が動くことで行動しないと、結果は出ない」だと思っています。

CHAPTER-
2

押さえておきたい
TikTokの
基礎知識

2

TikTokとは

そもそもTikTokとは、どのようなSNSなのでしょうか。
はじまりや動向、機能についてお伝えします。

TikTokのはじまり

　2014年にTikTokのもととなったサービス「musical.ly」が開始され
ました。2016年に中国版のTikTokである「抖音」というサービスが展
開され、2018年に中国の「BiteDance（バイトダンス）」という会社が
Musical.lyと合併して、世界中で利用されるようになりました。2021
年9月には、TikTokのアクティブユーザー数が10億人を突破したと発
表されました。

ショート動画とミドル動画の文化

　アプリのリリース初期はTikTokで投稿できる動画は15秒で、1,000
フォロワー以上になると60秒の投稿ができる仕様でした。そのため60
秒の動画を投稿できることがステータスになっていたこともありまし
たが、その後投稿できる動画は30秒、3分と伸びていて今では最大30
分まで投稿が可能なアカウントも一部で生まれてきています。そのほ
か、ライブ配信機能や収益化機能、動画の編集機能など様々な仕様が
アップデートされ、進化を遂げています。
　YouTubeの登場により動画の文化が普及しました。しかしその次の
時代には、30分のロング動画を一度に見るよりも隙間時間で「もっと
効率良く楽しみたい」という需要が出てくるようになり、それを満た
す15秒のショート動画文化をTikTokが創り出したのです。

しかし、時代は次のフェーズに入り「15秒では伝えたいことが伝えきれない」という需要が出てきて、そのニーズに合わせてTikTokも投稿できる秒数をどんどん伸ばしていっている現状があります。

そんな時代のニーズをキャッチして柔軟に対応するのもTikTokならではですね。

TikTokにしかない レコメンド機能

TikTokのレコメンド機能にはByteDance社の主力サービスであるニュースアプリ「TouTiao（今日頭条　ジンリートウティァオ）」で磨かれたAIの機械学習技術が活用されています。

レコメンドフィードにアクセスすると、ユーザーの興味に合わせて動画が表示されるため、好きなコンテンツやクリエイターを簡単に見つけることができます。この仕組みは、「いいね」「シェア」「フォロー」や、投稿している動画のキャプション、BGM、ハッシュタグによって個人に合わせてカスタマイズされています。ひとつとして同じレコメンドフィードはないと言われています。

実は平均ユーザー層は約36歳

TikTokって、若い人が踊っているアプリだと思っていませんか？

日本ではリリースされたのが2017年で、実際に当初は「若者が歌に合わせて踊っている動画のプラットフォーム」でした。実は、それもTikTokの戦略のひとつだったのです。SNSやプラットフォームが海外展開するとき「新しいものを歓迎する若年層をまず取り込む」ことがセオリーとなっているからです。若年層を取り込んだ後、40〜50代が参入しビジネス活用ユーザーが参入するというのはYouTubeも進んできた同じ道です。

今ではZ世代を中心に幅広い世代がTikTokを利用しており、日本の

ユーザー平均年齢は意外にも約36歳と少し高く、これは年々上がっています。あなたの体感はいかがでしょう？

　私の周りでも50〜60代でTikTokをはじめた事例もよく聞くので、平均年齢36歳は納得です。とはいえ、Z世代の利用層が一番多く、56.9%が1日1時間以上TikTokを見ているというデータもあります。

　なお、オンライン上でのプライバシーや安全性上の理由から、日本では13歳未満はアカウントを持つことはできません。

幅広いジャンルのコンテンツ

　TikTokといえば「踊ってみた」「歌ってみた」などの拡散が有名ですが、それ以外にも、メイク・美容系、料理、健康、ファッション、アート、お笑い、学び、ビジネスなどジャンルは様々な動画が投稿されており、娯楽的に楽しめる動画が好まれています。

　前述したレコメンド機能によって、他のSNSでよく見られるような「関連動画ばかりで見飽きた」ということがなく、いつでも新しい面白さと出会えることが魅力です。

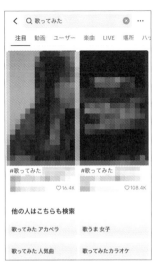

2 TikTokの特徴

SECTION 02

これまでにもお伝えしてきたTikTokの特徴について、この節では動画視聴ユーザー側から見た場合と、投稿クリエイター側から見た場合に分けて、改めて整理していきます。

TikTokのミッション

TikTokを運営するBiteDance社のミッションは「創造性を刺激し、喜びをもたらすこと」とされています。TikTokというプラットフォーム上で活動していくにあたっては、TikTokが目指すミッションに沿った投稿をしていくことを頭においておく必要があります。

視聴ユーザー目線の特徴

アプリを開けば、レコメンド機能によって次々と動画が表示されるため、テンポよく楽しむことができます。アプリを開くだけで、常に新しい・楽しい発見ができる場所です。興味がないコンテンツは、スワイプで簡単にスキップして飛ばすことができるので、動画の切り替えが楽で、好みの動画を探す手間がありません。また、アカウントを作成しなくても動画を閲覧することが可能なので、アカウントがなくても気になる動画をすぐに閲覧することができます。アカウントを作成すれば、友人や気に入ったユーザーを自由にフォローしたり、動画にコメントやいいねを付けたりすることができるので、楽しみ方が増えていきます。

投稿クリエイター目線の特徴

　特別な編集ソフトやアプリを使わなくても、TikTokアプリ内で撮影、編集、楽曲挿入が完結できるので、初めての人でも動画投稿を始めやすいのが特徴です。また、初期のアカウントでフォロワーなどがいなくても、動画自体が良質なコンテンツと認識されれば、アルゴリズムによっておすすめの動画として表示・拡散されるため、最初から一定数の再生数が期待できます。このTikTok独自のアルゴリズムによって、他のSNSよりも拡散力が高く「バズり」やすいプラットフォームになっています。

　作成した動画に、ジャンルが分かるハッシュタグや、オリジナルのハッシュタグをつけて、カテゴライズして共有することができます。また、TikTokで投稿した動画は、InstagramのリールやYouTubeショートにも転用することができるので、1つの動画で更なる拡散を狙うことができます。なお、TikTokアプリで編集した動画には、TikTokロゴの透かし（ウォーターマーク）が入ります。

　ウォーターマークは、TikTokの著作権を表すものなので、動画内に掲載したままだと、ほかのSNSで不利に働くことが多いので要注意です。

TikTokのロゴと、ユーザー名が表示されています

TikTokの用語紹介

2

SECTION
03

TikTokで使われる用語について紹介していきます。Tik Tokならではの用語もありますので、理解しておくことで、より活用の幅を広げて行きましょう。

TikTokの用語紹介

アカウント：自分の情報を入力して作ったページのことで、個別のユーザー名やプロフィール写真を登録することができます。

いいね：画面の右パネルにあるハートをタップするか、動画をダブルタップすることで動画に対して「いいね」の高評価ができます。マイページから自分がいいねした投稿を確認することができます。

エフェクト：顔認識技術を利用して、キャラクターやアクセサリーなどを映像上の顔に合わせて動かしたり、背景を変更したりするなどの視覚効果を追加したり、音響効果を追加することができます。動画の撮影時や、編集時に追加できるエフェクトがあります。

レコメンド：視聴ユーザーの興味に合わせて、AIアルゴリズムによって選ばれた動画が表示されます。ユーザーの動向に応じて性格や感情を分析・予測し、最適な動画がおすすめされるため、好きなコンテンツやクリエイターを簡単に見つけることができます。

楽曲の追加：撮影編集した動画にBGMとして楽曲を追加することができます。どのような曲を選ぶかによって、再生数が変わってくるほどTikTokでは重要な機能です。

興味ありません：興味のない動画があった場合、動画を長押しすることで「興味ありません」ボタンが押せます。「興味ありません」を押すことで、似たような動画の表示頻度が減り、より自分の傾向に合ったおすすめが表示されやすくなります。

クリエイタープレイリスト：発信者である投稿クリエイターが自身の動画をカテゴリー分類することで、関連する動画を視聴ユーザーが連続して見ることが可能になります。2024年4月時点ではプロフィールの動画タブにプレイリストの作成オプションが表示されている一部のクリエイターのみ利用可能です。

Creator Rewards Program（旧称「Creativity Program Beta」）：クオリティの高いオリジナルコンテンツを投稿することで、クリエイターが収益を獲得できる報酬プログラム。一定条件を満たしたクリエイターが、自身のオリジナル動画を通じて収益を獲得できます。

コメント：視聴ユーザーは動画に感想やメッセージをコメントすることができます。コメント数の多い動画はアルゴリズムによって、人気の動画であると判断されます。コメントを書いている最中にも動画は再生されるので、再生数や再生時間数も上がります。

シェア：動画を長押しするとシェアという項目があり、シェアすることで家族や友人に送ったり他のSNSなどで共有することができます。シェア率も人気の動画であると判断される要素となります。

シリーズ：投稿クリエイターが自身の動画を有料で配信するための機能です。1本あたり30秒〜最大20分の投稿動画を80本までプレイリストのようにまとめることができ、投稿クリエイターは自由に視聴料金を設定できます。

ギフト（投げ銭）：TikTok内のコインをチャージして、好きなクリエイターにアイテムを使用してギフトを送ることができる機能。TikTok LIVEへのギフトに加えて、TikTok動画そのものへのギフトも可能です。日本のユーザーだけでなく海外のユーザーともギフトを受け取ったり送ったりすることができます。

TikToker（ティックトッカー）：TikTokで動画を公開している投稿クリエイターのことを指します。フォロワー数が多い投稿クリエイターのことを、人気TikTokerと言います。

ライブ配信：視聴ユーザーと配信者がリアルタイムで交流できる機能。事前に編集した動画を投稿するのではないので、配信者のリアルをユーザーが感じられ、その場でコミュニケーションが取れることがメリットです。配信者は、エフェクト、マルチゲスト配信、モデレーション、LIVEギフトなどの機能を利用できます。

TikTok Now：通常のTikTokとは別のアプリ。スマートフォンの前後カメラで同時に撮影した画像・映像を共有する機能。毎日ランダムな時間に同時に通知が来て、3分以内に前後両方のカメラを使用した10秒の動画または写真を撮影し、その瞬間に何をしているのか友人と共有することができます。TikTokとは別のTikTok Nowアプリで利用できます。

TikTok Lite：通常のTikTokとは別のアプリ。通常のTikTokよりも容量が小さく、データ通信量も少ないため、スマートフォンの容量が少ないユーザーやデータ通信量を節約したいユーザーに適しています。動画視聴やいいねをするとポイントが溜まる「ポイ活」ができます。

TikTokプロモート：クリエイターがTikTokに投稿した動画をユーザーのレコメンドフィードに優先的に表示できる広告機能。このプロモー

ト機能を活用することで、投稿した動画の閲覧数を伸ばしたりフォロワーを増やしたりすることができます。

デュエット：友達とTikTok動画を作成できる機能。他のクリエイターがTikTokで作成した動画と、自身の動画を並べて投稿することができます。この機能では画面が分割され、2つの動画が同時に再生されます。

DM（ダイレクトメッセージ）：TikTokユーザー同士でメッセージのやり取りをするための機能です。

フォロー：自分の好みのTikTokアカウントをお気に入り登録する機能です。フォローした人の最新投稿がホーム画面に表示されるようになります。お知らせに関する設定をオンにすると優先的にフォローした人の情報がタイムラインとして表示されます。

保存（セーブする）：あとでまた見返したい投稿にしおりをつけるようにストックできます。保存した投稿は、自分のプロフィール画面にある「保存アイコン」をタップすれば、これまで保存した投稿を一覧で確認できます。

マイページ：プロフィール文やアイコン、リンク設定など、各種編集ができるページです。編集のほか動画に対する評価などを見ることもできます。

外部リンク：プロフィールにYouTube、Instagram、X（旧Twitter）を連携できる他、HPやLP、ECサイト、アプリ、その他SNSなど有益で参考になるリンクを掲載できます。ただし、TikTokのガイドラインに違反するサイトに誘導すると、リンク削除やリンク先再設定の一時的な制限、またはアカウントの停止につながるため注意が必要です。

TikTokでできること8選

2

SECTION
04

様々な機能がアップデートされ進化しているTikTokですが、ここではよく使われる基本的な機能について改めて紹介していきます。

動画投稿

　動画の投稿には2種類あり、フィード投稿とストーリーの投稿ができます。フィード投稿が基本的な動画の投稿方法になり、他のユーザーがあなたのプロフィールを訪れたときに、フィード投稿動画が一覧表示されます。その人のフィードを見たときに、どのようなジャンルの動画を投稿しているクリエイターなのかが分かります。

　一方、ストーリーの投稿は、画像や動画を24時間だけ表示させるものです。フィード投稿と異なりストーリーは動画が溜まっていかず、アーカイブもないため掲載終了後は見ることができません。このため、期限付きの告知やPRにも活用できます。また、ストーリーはフィード投稿動画と違い、おすすめに表示されず、基本的にフォロワーのみに届くのでフォロワーとの交流やファン化に活用することもできます。

ハッシュタグチャレンジ

　TikTokの広告メニューの1つで、ハッシュタグ「#」を利用した大規模な広告企画です。有名人やインフルエンサーによる歌やダンスを行うなどの見本動画が投稿され、ユーザーが真似をして動画を投稿します。また、ハッシュタグチャレンジに参加している動画はトレンドページに掲載されるため、クリエイターの人気獲得やフォロワー獲得の機会にもなります。

ライブ配信

　視聴ユーザーと投稿クリエイターがリアルタイムで交流することができます。ライブ配信時にはエフェクトを使って顔や背景を加工したり、自分のライブにゲストを招待するマルチゲスト配信や、迷惑なコメントを制限・ブロック・ミュートするためのモデレーターを任命するモデレーションなどの機能を使うことができます。

　ライブ配信したい場合の条件は、18歳以上でありフォロワーが1,000人以上必要であるとされていますが、フォロワー数の制限は徐々にゆるくなってきているようです。また、国・地域によって利用できないこともあります。なお、視聴ユーザーを、TikTokのプラットフォーム外へ誘導することを主な目的としたライブ配信は「おすすめ」の対象外になるため、ガイドラインに即した配信をしましょう。

ライブ中はアイコンがピンクで囲われ「LIVE」と表示されます。

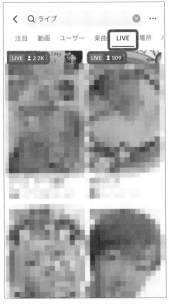

上部タブからLIVEを選択するとリアルタイムでライブ視聴が可能できます。

ギフト（投げ銭）

　TikTokのライブ配信や投稿された動画に対して、視聴ユーザーがライブ配信者に対してTikTok上でプレゼントを送れる機能のことです。投げ銭はTikTok内だけで収益化ができる一つの方法です。ライブ中にギフトを送受信する場合は18歳以上である必要があります（韓国では19歳以上）。

01 画面右下の「ギフト」をタップします。

02 好きなギフトを選択して送信します。

クリエイターツール（動画分析）

　クリエイターツールから、総視聴数、合計フォロワー数、いいね数などが集計された「インサイト」を確認できます。また、クリエイターツールから、収益化機能が利用できたり、「インスピレーションを得る」から自分のコンテンツと類似アカウントを見つけたり、ライブ視

聴者ランキングが見られたりと、アカウントを発展させるための様々
な機能が利用できます。クリエイターツールは個人アカウントでもビ
ジネスアカウントでも使用可能です。

DM（ダイレクトメッセージ）

　TikTokアプリを通して個別でユーザー同士がメッセージをやり取り
できます。直接コンタクトを取って交流したり、新商品の情報提供や
特典の案内など、限定的な情報をDMでシェアすることで、フォロワー
との信頼関係を深めることができます。

01 フォローの右隣「メッセージ」をタップします。

02 メッセージを入力してDMを送信できます。

広告利用

　企業アカウントなどで大規模なプロモーションを行う際に利用でき

52

るTikTok広告の種類は、大きく分けて運用型と予約型の2つあります。

　一つ目の運用型（オークション）広告は、管理画面を通じて少額から出稿可能です。ブランド認知から購買意向、コンバージョンまで、さまざまな目的を設定できます。FacebookやInstagram広告と同じ感覚で出稿出来るメニューです。

　二つ目の予約型（リザベーション）広告は、大規模なプロモーションに適しており、認知拡大やエンゲージメントの増加に活用できます。予約型にも4種類あり、「アプリ起動時広告（TopView）」「インフィード広告（Reach&Frequency）」「ハッシュタグチャレンジ（#Challenge）」「ブランドエフェクト（Branded Effect）」があります。

　その他に、個人で手軽にできる広告メニューとして「プロモート」という機能があります。こちらの活用方法については、CHAPTER-8で詳しく説明します。

楽曲提供・販売

　自身が作曲したオリジナル楽曲を投稿することができ、多くのユーザーに自身のオリジナル楽曲を動画のBGMとして利用してもらうことで曲やクリエイターの知名度UPに繋がります。楽曲提供サービスを経由しTikTokに楽曲提供することで収益化も可能となります。

　楽曲は、通常通り動画のフィード投稿を行うことで、その投稿した動画の音声が、「オリジナル楽曲」としてTikTokに登録されます。登録されたオリジナル楽曲はタイトルを設定することができますが、タイトルの変更ができるのは、一度限りであるため誤りがないよう注意が必要です。

　また、TikTokアカウントを所有していない場合は、音楽配信代行サービスを経由してTikTokにオリジナル楽曲を登録する方法もあります。そのひとつとして、「TuneCore（チューンコア）」という配信サービスの活用も検討してみてください。

2

TikTokのビジネス活用

SECTION 05 「ビジネスアカウント」への登録をすることで、ビジネス活用の幅が更に広がります。ビジネスアカウントの特徴と、企業の活用事例を紹介します。

TikTokのビジネス活用

近年、TikTokを使ったマーケティングも注目を集めており、企業アカウントの運営や広告を取り入れる企業も増えています。

注目されている理由は、Z世代と呼ばれる若年層をはじめ、30〜40代など、幅広い世代に普及していることや、TikTokユーザーの4人に1人は「TikTokを見た後、商品を購入または商品を調べた」という調査結果があるほど、SNSの情報を見て買うものを決めることが習慣になっているユーザーの割合が高いことなどが挙げられます。

ビジネスアカウントとは

TikTokにはビジネスアカウントと個人アカウントと2種類あり、ビジネスアカウントはその名の通り、企業やブランドが製品やサービスを発信するための機能がついたアカウントです。ビジネスアカウントという名称ではありますが、個人や個人事業主も無料で使用することができます。メリット、デメリットについて以下のことが挙げられます。

ビジネスアカウントのメリット

■ ❶カテゴリを設定でき、ターゲットに投稿を見てもらいやすくなる

　ビジネスアカウントを開設すると、アカウントのカテゴリを設定することができます。自社商品やサービス内容に合わせた、カテゴリ設定を行うことで、選択したカテゴリに興味のあるユーザーにおすすめから表示されやすくなります。

カテゴリ一覧

芸術・工芸	メディア・エンタメ
自動車・交通手段	個人的な利用
赤ちゃん	ペット
美顔モード	専門的なサービス
衣類・アクセサリー	行政
教育・研修	不動産
エレクトロニクス	レストラン・バー
ファイナンス・投資	ショッピング・小売
グルメ＆ドリンク	ソフトウェア・アプリ
ゲーム	スポーツ・フィットネス・アウトドア
健康	旅行・観光
ホーム・家具・家電製品	その他
機会・設備	

■ ❷プロフィールにサービスサイトやLPへのリンクを貼れる

　ビジネスアカウントに切り替えた場合、フォロワー0であっても、プロフィールに公式サイトやネットショップなどへのリンクを掲載することができます（個人アカウントの場合は1,000人以上）。

　SNSリンク以外にも、スマホアプリのダウンロードリンクを掲載したり、会社情報ページを作ることもできます。プロフィールが充実することで、TikTokからの集客数を増やすことができ、売上に繋げるこ

とができます。

例えば、ドミノ・ピザの公式アカウントではプロフィールに公式サイトとアプリをダウンロードするためのリンクが貼られています。ユーザーの画面にドミノ・ピザの投稿が流れたことにより、購入を検討した場合、プロフィールにスマホアプリのリンクが貼ってあることで、よりユーザーの購入を促進させることができます。

■ ❸投稿動画を分析してPDCAを回せる

TikTokのビジネスアカウントに切り替えることで、投稿や視聴者属性の情報が閲覧できるインサイトをより詳しく見ることができます。インサイトでは主に、動画の再生数、フォロワー数の推移、プロフィールの表示回数などが確認できます。

■ ❹インサイトでアカウント全体の分析もできる

インサイト機能を使うことにより、アカウント全体の分析をすることもできます。また、フォロワーが100名以上であれば、フォロワーの属性を見ることができ、より明確なターゲットを決定することができます。

インサイトや分析についての具体的なやり方はCHAPTER-7にてご紹介します。

■ ❺ビジネスクリエイティブガイドを見れるようになる

ビジネスアカウントに切り替えることで、ビジネスアカウントの運用に役立つ情報がまとめられているビジネスクリエイティブガイドを使用することができます。

動画作成で参考になる、他アカウントの動画、人気急上昇中のハッシュタグ、人気の商用楽曲が一覧になっています。

また、上部タブのビジネスコンテンツガイドをタップすると、優れたビジネスアカウントの探し方、動画作成のコツ、TikTok内にある機

能などについて詳しくまとめられています。

■ ❻採用活動をしなくても人が集まる

TikTokは特に10〜20代の若者の間で浸透しており、情報の検索やトレンドのチェック、友人とのメッセージなど、日常的に利用されていることから、企業の新卒採用活動にTikTokが活用される事例も見られるようになってきています。

TikTokを通して企業に興味を持ったという意見もあることや、制作費用や工数も従来の採用活動と比較すると安価で済むことから、今後も活用が拡大していくと考えられます。

■ ❼予約投稿機能が使える

ビジネスアカウントの場合、PCブラウザ版で操作することで投稿の公開予約機能が使えます。これにより、定期的な投稿公開が可能になるので、アカウント初期段階の定期投稿の手間を軽減することができるようになります。

ビジネスアカウントのデメリット

■ 商用ライセンスがない楽曲が使えない

人気投稿で使われていたり、流行している楽曲を使おうとした際に「この楽曲には商用ライセンスが付与されていません」と表示され、動画にBGMとして設定できない可能性があります。このため、トレンドを利用した再生数アップを狙うことができません。

ですが、ビジネスアカウントで利用できる楽曲はすべて商用利用が許可されていて、楽曲を使うために、わざわざライセンスを取得する必要がありません。

■ ANA

航空機や機内設備の紹介、客室乗務員や整備士などによる流行のダンス動画や、離陸や機体洗浄のTikTokLIVE配信など幅広く発信しています。TikTokを通じて普段飛行機に乗る機会の少ない若年層にリーチして、飛行機への憧れやANAへの就職を喚起するような企画を展開しています。

■ ユニクロ

芸能人やインフルエンサーとのタイアップ、テレビ番組とのコラボキャンペーンなど、拡散性のある配信のほか、1〜2日に1本のペースで定期的に投稿しており、おすすめ○選、着比べ検証、新商品のアレンジコーデなどファッションに役立つ情報を発信しています。

■ カネボウ KATE「リップモンスター」

当時コロナ渦の影響によりリップが売れない風潮がありましたが、若年層の「マスクをしていてもメイクを楽しみたい」という顧客のニーズを受けて商品開発されました。セルフメイクが体験できるオリジナルのエフェクトを使用したTikTok施策で、1年間で350万本の売り上げを記録する「TikTok売れ」が起きています。

導入している企業事例－中小企業

■ 三和交通@TAXI会社

　ネクタイ姿で踊る「TikTokおじさん」が有名な三和交通は、横浜に本社を置くタクシー会社です。高齢化が進む業界で、若者に興味持ってもらうため、様々な施策を行ってきました。YouTubeやニコ生での動画配信よりも、手軽に投稿できる方法を求めてTikTokのショート動画を上げたところ1本目の動画でバズりが起きました。本業のタクシーとは関係のないものが大半であり、PR色はほとんど感じられません。全国のタクシードライバーの平均年齢は60歳といわれていますが、三和交通のドライバーは平均49歳を記録しています。

■ 株式会社BEEM

　TikTokやInstagramに関するマーケティングなどを手がけている株式会社BEEMは、数々のユーモアあふれる動画を投稿しており、フォロワー数は45万人を越えています。自ら日本一のブラック企業を名乗っており、エンターテイメント性の高い投稿内容で人気となっています。個性の強すぎる社長を筆頭に、チームメンバーも多く登場し、息の合ったダンスや会社ネタコントが投稿されています。

　採用に関する動画では、「この会社に入りたい」「社長のもとで働きたい！」といった多数のコメントが集まっており、優秀な人材確保に役立てられています。

■ デリッシュキッチン

　「今日は何つくろう？」という悩みを解決する数々のレシピ動画を配信しているデリッシュキッチンは、横型で作られたレシピ動画をTikTokの縦型動画にアレンジして発信しています。短い時間の中でも「見たい！」「作ってみたい！」と感じてもらえるよう、巻く、多くの切り込みを入れて花に見立てる、など工作感のある動きを取り入れ、ついつい見てしまう動画やインパクトのある動画を中心に制作されていたり、若い世代がTikTokをGoogle検索代わりに利用している事を想定して説明文に分量などのレシピを記載するなど、TikTokユーザーの傾向に合わせた配信で人気を得ています。

CHAPTER-
3

TikTokの
アカウントを
作成しよう

P
Plan

D
Do

C
Check

A
ction

TikTokアカウント 作成の流れ

3

それでは早速、TikTokアカウントを作成していきましょう。手順に沿って操作するだけで、5分ほどでかんたんに作成することができます。

アカウント作成の準備

　まずはスマホアプリをダウンロードしましょう。TikTokのアカウント作成は、スマホアプリでもWEBブラウザ版でも可能ですが、動画の撮影・編集・投稿はスマホで行う方が便利です。このため、スマホアプリのダウンロードをおすすめします。

TikTokアプリ（Android）

TikTokアプリ（App store）

ダウンロードしたいアプリをタップし、インストールをタップします。

インストール

01

下部のインストールを
タップ。画像はApp st
ore版。

　アプリ内コンテンツを自動ダウンロードが表示された場合は「続ける」をタップします。

　自動ダウンロードにしておくことでアプリ起動時の待ち時間が短縮できます（機種による）。

アプリ内コンテンツを自動ダウンロード

**アプリ内コンテンツ
を自動ダウンロード**

アプリ内コンテンツをダウンロードしない
と、使用できないアプリがあります。ア
プリを最初に起動する前に自動的にバッ
クグラウンドで実行してこのコンテンツ
をダウンロードできるようになりました。

これはあとで"設定"で変更できます。

02

この設定は後で「設
定」から変更すること
が可能。

アカウントの作成

　アプリを起動し、アカウント作成に進みましょう。アカウント作成には電話番号またはメールアドレスまたは他のSNSアカウント情報が必要です。

　どの方法で作成するかを選択する画面が表示されたら、ご自身の好きなものを選んでタップします。

　個人利用の場合は個人で利用している各種SNSアカウントと連携させるとログインがスムーズになりますが、企業としてTikTokを利用する場合は「メールアドレスまたは電話番号」を選択することが一般的です。自社企業で持つメールアドレスを使ってアカウント作成をしましょう。

登録方法

03

電話番号またはメールアドレスで登録をタップします。

「電話番号またはメールアドレスで登録」を選択した場合は、表示画面に従い、生年月日の入力に進みます。生年月日をスクロールで選択し、次へをタップします。すると、電話番号、またはメールアドレスのどちらかを入力する画面に移行します。

生年月日

04

上下方向にスクロールしあなたの生年月日の数字に合わせます。

■ 年齢制限

　TikTokの登録は13歳以上という規定があるため、該当しない年齢では登録することはできません。

電話番号またはメールアドレスで続行

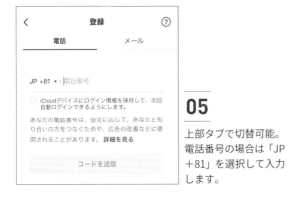

05

上部タブで切替可能。
電話番号の場合は「JP
＋81」を選択して入力
します。

　次は、パスワードを設定する画面になります。TikTokでは、半角の
数字、文字、特殊文字（＃、＠、？、！、＄、＆マークなど）の3種類
を組み合わせてパスワードを設定する必要があります。任意のパスワ
ードを入力したら「次へ」をタップします。

パスワード

06

設定したパスワードは
忘れないよう保存して
おきましょう。

　次に、ニックネームを設定します。ニックネームはアカウント名と
なります。多くは、漢字ひらがなカタカナで表現します。後からでも
編集でき、ここではスキップすることもできます。スキップした場合
は、自動で割り当てられたニックネームになります。

ニックネーム

スキップ　　　　**登録**　　　　⑦

ニックネームを作成

ニックネームを自由につけてください。後からも
変更可能です。この手順をスキップすると、初期
設定としてニックネームが自動で割り当てられま
す。

ニックネームを入力してください

0/30

確認

07

ニックネームは後で
「プロフィール編集」か
ら変更ができます。

　TikTok運用を運用していくにあたっての効果的なプロフィール設定
のポイントなどは、CHAPTER-4で詳しく解説していきます。

　最後に、興味のあるコンテンツを選択したらアカウントの作成完了
です。

興味のあるコンテンツ選択

興味・関心を選択して、TikTokに表示される
内容をパーソナライズする

コメディ	旅行・Vlog	エンタメ
ダンス	アニメ&コミック	アウトドア
家族	フード&ドリンク	自動車
動物・ペット	ライフハック	スポーツ

スキップ　　　　次へ (0)

08

タップして選択して
「次へ」または、「スキ
ップ」をタップすると
次に進めます。

TikTokと連携できるSNS

TikTokとログイン連携できるSNSは以下の5つです。

❶LINE

❷Apple ID（Android及びWindowsでは表示されません）

❹Google

❺Facebook

❻カカオトーク

Apple IDの場合、「メールを非公開」に設定してもTikTokに登録することができます。Googleの場合、複数アカウントを持っている方は、アクセスの許可を選択する際に、連携させたいアカウントであるかをよく確認しましょう。

電話番号またはメールアドレスの他に、他のSNSと連携してログインも可能です。

アカウント作成時の
トラブル対処法

アカウント作成の際にうまくいかない場合は、次のような
ことを検討してみてください。

アカウント作成時のトラブル対処法

■ 認証コードのエラー

　電話番号の登録の際、認証コードの入力が間違っていると、認証が
完了せずTikTokアカウントを作成できません。登録した電話番号に届
いた認証コードと実際に入力したものが同じかどうかをよく確認しま
しょう。

■ アプリやOSのバージョンが古い

　この場合はアプリやOSのバージョンを確認しましょう。OSもアプ
リも最新版にするとよいです。

■ インターネット接続に問題がある

　インターネット速度が遅い、もしくは接続できないことが原因で、
アカウント作成ができないことがあります。接続環境を確認し、安定
したインターネット環境での登録を試してみてください。

■ TikTok側のサーバーエラー

　インターネット接続やアプリに問題がない場合、TikTok側の問題の
可能性が高いためサーバーの復旧を待って再度試してみてください。

ビジネスアカウントへの切り替え法

3

SECTION
03

TikTokには「個人アカウント」と「ビジネスアカウント」の2種類があることを前章でも説明しましたが、ここでは切り替えの手順をご紹介します。

ビジネスアカウントがおすすめなのはこんなひと

ビジネスアカウントは企業でなくても、個人事業でも設定できます。ビジネスアカウントにすると、カテゴリー登録ができるので登録したカテゴリーに関心のあるユーザーへ、動画が表示されやすくなります。

また、Webブラウザから操作すると予約投稿も使えるようになります。提供するサービスのターゲットが明確に決まっている方、決まった時間に投稿したい方はビジネスアカウントへ設定することをおすすめします。

ただし、ビジネスアカウントに設定すると使える音源が限られるので幅広い音源を使いたい方には向きません。

機能の違い

機能	個人アカウント	ビジネスアカウント
無制限の楽曲利用	○	△ （CML＝商用ユーザー向け音楽ライブラリのみ利用可能）
インサイト分析	○	○
プロフィールページの外部リンク設定 （フォロワー1000人以上で設定可能）	○	○
予約投稿（Web版のみ）	×	○
ビジネスコンテンツガイドの利用 （ビジネスアカウントの人気動画やトレンド、動画作りの実践的なヒントが得られる一覧表）	×	○

ビジネスアカウントへの切り替え

　マイページを開き、右上の三本線のマークをタップします。出てきた選択肢から「設定とプライバシー」をタップします。

右上の三本線をタップ

01

「設定とプライバシー」
をタップします。

アカウント

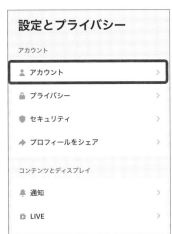

02

「設定とプライバシー」
の中の「アカウント」
をタップします。

ビジネスアカウントに切り替える

03

「ビジネスアカウントに
切り替える」をタップ
します。

ビジネスアカウントでできること

ビジネス

顧客を知る
動画のパフォーマンスやエンゲージメント
についてもっと知ることで、コンバージョン
につながるコンテンツ作成のヒントを得る
ことができます。

ロイヤルティフリーの音を使用
商業目的のブランドに利用できる、ロイヤ
ルティフリーの楽曲と音を選択する。

インスピレーションを得る
ビジネスクリエイティブガイドでは、コン
テンツ作成のアイデアとガイダンスをご確
認いただけます。

ビジネススイートのツールにアクセス
TikTokでのビジネスを、投稿のスケジューリ
ング、メッセージの自動送信、その他の最新
機能で管理！

次へ

04

ビジネスアカウントで
できることについての
紹介画面が出てくるの
で、「次へ」をタップし
ます。

カテゴリ選択

05

カテゴリの中から、自
分に合うものをタップ
して「次へ」進みます。

　メールアドレス、自己紹介、プロフィール写真の登録編集画面が出
てくるので入力します。この設定はスキップすることもできます。

完了画面

06

完了画面が出てきた
ら、ビジネスアカウン
トへの切り替えは完了
です。

3 複数アカウントの管理

SECTION
04

TikTokで複数のアカウントを作成し、使い分けたい場合のアカウント追加の手順や、投稿先のアカウントを切り替える方法について紹介します。

複数のアカウントを持つことが可能

　TikTokでは、1人1アカウントなどの制限はなく、最大7個までアカウントを持つことができます。例えば、個人用とビジネス用で使い分けることや、企業アカウントでも販売促進と採用など目的別にアカウントを運用することもできます。こうすることで、よりフォロワーのニーズに合ったコンテンツを配信することができます。

　ただし、1日に複数個アカウントを作成するなどした場合は、スパム行為とみなされる可能性がありますので注意しましょう。

　アカウントの追加のしかたは、スマホアプリでプロフィール画面上部にある名前をタップ、「アカウント追加」ボタンを選択してからアカウント作成時と同じ要領で新たなアカウントを作成することができます。

　他には、プロフィール右上の三本線から、「設定とプライバシー」をタップします。ページ最下部にある「アカウントを切り替える」をタップすると「アカウントを追加」というボタンが表示されます。ここからのアカウント追加も可能です。

アカウントを追加する方法

複数アカウントの切り替え

　複数アカウントの作成が完了したら、ログインしたままTikTokアプリ内でアカウントを切り替えて運用できます。アカウント数が多くなると切り替えの際に間違いも発生しやすくなります。よく確認しましょう。

　切り替え方法は、プロフィール画面上部にある名前をタップすることで、アカウントの切り替えができます。

　上記写真の通り「アカウントを切り替える」のタブが開き、そこからアカウントを選択して切り替えることができます。

非公開アカウントの設定

　アカウント自体を非公開または限定的な公開にしたい場合は、設定で切り替えることができます。非公開アカウントに切り替えた場合は、自分が許可したユーザーのみ新たにフォロワーにすることができます。もともとフォロワーがいた状態で非公開にした場合は、既存フォロワ

ーに影響はなく、動画は見れる状態を維持できます。

　また複数のアカウントを作成し、そのひとつを非公開にしておけば、他のユーザーの目に触れることがない動画を保管するためのプライベートな場所として使うことも可能です。

　設定方法は、プロフィール右上の三本線から、「設定とプライバシー」をタップします。「プライバシー」から「非公開アカウント」をタップしてオンにすると、アカウントを非公開にできます。

非公開アカウント設定

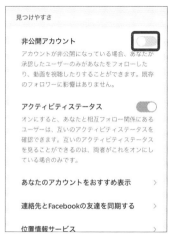

一番上にある非公開ア
カウントの項目をオン
にする。

限定サービスとしての活用

　非公開アカウントにすると、不特定多数のTikTokユーザーに動画が閲覧されなくなります。この機能を使って、招待制の限定的なアカウントとして活用することができます。購入者など特定の方への限定サービスとして活用することもできますし、コミュニティメンバーのみが閲覧できる限定動画を視聴できるようにするなどの利用方法があります。

プライバシーを守る
項目別の非公開設定

3

SECTION
05

アカウント自体の公開・非公開の設定のほかに、項目別に公開設定を変更することができます。公開したくない情報は非公開の設定にしておきましょう。

フォローリストの非表示設定手順

　自分がどんな人をフォローしているかを公開しない設定にすることができます。

　プロフィール右上の三本線から、「設定とプライバシー」をタップします。「設定とプライバシー」の中の「プライバシー」から「フォローリスト」を選択すると、フォローリストを公開する範囲を「誰でも」か「自分のみ」の2つから選択することができます。

　「自分のみ」を選択すると、自分が誰をフォローしているかを自分のみが確認することができるようになります。この場合、他のユーザーがあなたのフォローリストを見た場合、共通の友人が表示されます。

フォローリスト自分のみ

複数アカウント運用がバレたくない時

　せっかく個人用とビジネス用のアカウントを別々に作成していても、TikTokの性質上2つのアカウントから結びついてしまう場合があります。完全にプライベートで誰にも知られたくない場合や趣味の閲覧専用にしたい場合は、以下の設定をしてください。

プロフィール右上の三本線➡設定とプライバシー➡プライバシー

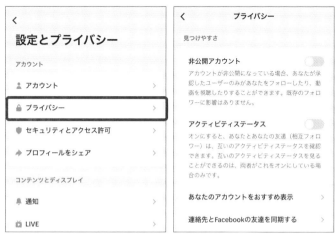

プロフィール右上の三本線→設定とプライバシー→プライバシーを順にタップする。

- 非公開アカウントをオンにする
- アクティビティステータスをオフにする
- 「あなたのアカウントをおすすめ表示」で「連絡先」と「Facebook
  の友達」と「リンクを開いたあるいは、あなたにリンクを送ったユー
  ザー」をオフにする
- 「連絡先とFacebookの友達を同期する」で、「連絡先から友達を見つ
  ける」「Facebookの友達を同期する」をオフにする
- いいねした動画の公開を「自分のみ」にしておく
  （プロフィール右上の三本線➡設定とプライバシー➡プライバシー➡
  いいねした動画）

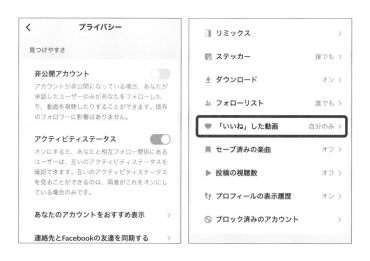

　すでにお持ちの他のSNSアカウントと同じ「名前」や「プロフィー
ル画像」、近似した「ユーザー名（半角英数字）」を使わないことも有
効です。

違反による動画の削除
またはアカウントの停止

SECTION
06

TikTokのガイドラインに従い、利用規約違反とならない
ように心がけましょう。違反や削除の対象となった場合
はアカウントに通知されます。

違反投稿に注意し、ガイドラインを遵守しましょう

　TikTokの利用規約に違反した投稿をした場合、該当する動画は削除
され、削除された理由が通知されます。違反が原因でアカウントが停
止された場合は、次にアプリを開いたときに、アカウントのステータ
スが変更されたことが通知されます。

　レコメンドフィードの対象外のコンテンツを投稿した場合や、制限
を受けた場合は、TikTokアプリ内の「インサイト」にこの情報が表示
されます。また、レコメンドフィード対象外の動画を繰り返し投稿し
た場合は、アカウント自体が一時的にレコメンドフィードに表示され
なくなってしまいます。そうなった場合、動画もアカウントも検索で
も見つかりにくくなります。

　以前は、気づかないうちにアカウントが制限されていることもあり
ましたが、ガイドラインの変更により、違反や制限が投稿クリエイタ
ーにも通知されるようになりました。

　投稿クリエイターが初めて利用規約に違反した場合、違反回数には
カウントされませんが、違反したことについての警告がなされます。
その後も繰り返し違反があった場合は、違反回数がカウントされてい
きます。

　ただし、投稿クリエイター側も、通知や判断に間違いがあったと思
われる場合は異議申し立てを行うことができます。

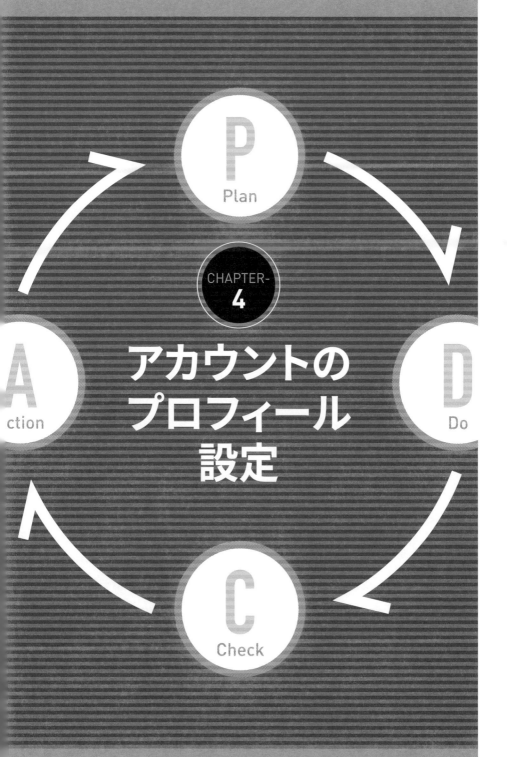

P
Plan

CHAPTER-
4

A
ction

D
Do

アカウントの
プロフィール
設定

C
Check

アイコン画像は第一印象

4

SECTION
01

まずはアカウントの顔となるアイコン画像を設定しましょう。アイコンには写真のほか、イラストや動画も使用することができます。

プロフィールの重要性

　プロフィールは、投稿クリエイターの第一印象を決める重要な役割があります。投稿や配信で視聴ユーザーが興味を持ち、プロフィールに飛んできてから、DM送信や公式ホームページの閲覧など、次のアクションを起こすか否かの判断材料となるのが、プロフィールです。

　プロフィールを見て、「好き」「嫌い」をユーザーは瞬時に判断するため、ユーザーとクリエイターのコミュニケーションが生まれるには、プロフィールを作り込む必要があります。

　プロフィールは、自己表現やブランディングの場であり「自分らしさ」を出すと同時に、共感を得る、信頼を得るために「分かりやすさ」も大切です。あなたをフォローすることで、どんなメリットがあるのか、どんな未来を得られるのかベネフィットを訴求するために、アイコンや自己紹介文を作成していきましょう。

印象を左右するアイコン画像設定

　アイコン画像は、あなたの投稿した動画の右横に毎回表示される画像であり、プロフィールに訪れたときに一番上に表示される項目であるため、アカウントの印象に大きく影響します。

　TikTokは短い動画を次々に楽しむ、スピードの早いSNSなので、ぱっと見て瞬時に「好き」「嫌い」「フォローする」「スルーする」を判断

されます。

　アイコン画像においても一瞬で見てどんな人かが分かる画像を選定しましょう。

　顔出しのアカウントであれば本人の顔がよくわかるもの、発信ジャンルに関係する背景で撮影した写真、親近感を出したければ笑顔の写真で温かい色味のもの、権威性を出したければフォーマルな服装で色使いが派手でないもの、など自分の見せたい雰囲気に合う画像を設定しましょう。

　TikTokをビジネス活用していく場合には、その人自体に共感したり親近感を持ってもらうことが必要なので、アイコン画像でも本人らしさを出すことが重要です。

みさっきーアイコンNG例

ディズニー好きは伝わるが表情が見えず人柄が伝わりにくい。

みさっきーアイコンOK例

ディズニー好きで明るくて元気な印象が一目でわかるほか色も目立ちやすい。

みさっきーのTikTokアカウントはこちらからご覧いただけます。

イラストや動画もアイコンに使用できる

　アイコン画像には、写真だけでなくイラストや動画も使用することができます。写真では出せないイラストならではの色使いや動画の動きで、印象に残りやすい個性的なアイコンにすることができます。

　イラストにする場合に注意することは、文字を載せるときは最小限にすることです。情報量が多くなると一目見て脳が理解できずにストレスをかけてしまうので、離脱の原因にもなってしまいます。実際にスマホで表示されるサイズ感で確認して、文字が邪魔になっていないか、パッと見て分かりやすいものになっているか注意してください。

　動画にする場合にも同じで、何の動画かわからないものであれば逆効果になってしまうので注意しましょう。

イラストアイコンのNG例

イラストやフォントで印象ががらりと変わる。

イラストアイコンのOK例

丁寧な暮らしをしている印象を与えられる。

アイコン画像設定の手順

　プロフィールから、プロフィール画面の真ん中あたりにある「プロフィールを編集」をタップします。左上にある「写真を変更」から「写

真を撮る」または「写真をアップロード」を選択し、写真を選択した
ら右下にある「保存」を押して設定完了です。

プロフィール画面の真
ん中あたりにある「プ
ロフィールを編集」を
タップ。

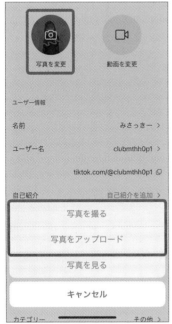

「写真を変更」から「写
真を撮る」または「写
真をアップロード」を
選択。

動画を設定する場合は「プロフィールを編集」から右上にある「動画を変更」から動画を選択します。

　アイコンに動画を設定すると、画像や写真は表示されなくなります。画像や写真を表示させたい場合は動画を一旦削除します。

03

「動画を変更」をタップして動画アイコンを設定できます。

　アイコンに画像を設定するときは20px×20px以上、動画の場合は6分以内であるのが条件です。

名前（ニックネーム）と ユーザー名は分かりやすく

TikTokをビジネス活用する際の名前（ニックネーム）と
ユーザー名は、どのようなものが好まれるのでしょうか。
TikTokの性質に合わせた名前を設定していきましょう。

名前（ニックネーム）の付け方のポイント

TikTokのプロフィール画面に表示されるユーザー名には、表示される場所によって「名前」と「ユーザー名」の2種類に分けられます。

「名前」は、プロフィール画面上部に表示される、あなたのアカウントで使われる名前のことです。名前は「おすすめ」フィード、「友達」タブ、コメント、ダイレクトメッセージなど、TikTokのさまざまな場所で表示されます。不特定多数のユーザーに対してランダムに動画が表示されるため、初見のユーザーの印象に残りやすい名前を設定してください。

他のSNSであれば、本名やニックネーム＋肩書きまたは職種などを設定することが多いかと思いますが、TikTokの場合は、「何をしている人なのか」がパッと見てすぐ分かることを第一優先にしてください。また、「料理」などの大きなジャンルではなく「時短レシピ」などの具体的なワードをいれるとより明確になります。

名前は設定上では30文字まで使うことができますが、画面に表示された時に見やすい13文字程度でまとめてください。

事例

- 年商〇円〇〇ママ
- 無添加生活
- 〇社起業プロデュース

- ○ヶ月で○人コンサル経験
- アメリカ上場企業の動画編集
- ○○人が受けた○○講座開催

　フォロワーに「○○さん」と呼んでもらうための名前を入れてもよいですが、文字数が多くなってしまう場合は名前を使ってもよいでしょう。私は、今井みさきですが、ディズニーマニアなので、ディズニーのミッキーマウスと自身の名前をもじって、「みさっきー」と名乗っています。初対面の人にも、愛称として呼んでもらっています。

　なお、名前を変更できるのは7日に1回までです。

ユーザー名のつけ方のポイント

　「ユーザー名」とは、プロフィール画面のアイコン画像下にあり、@マークからはじまる半角英数字で「_（アンダーバー）」「.（ピリオド）」等を組み合わせたもののことを指します。アカウントを作成した初期設定段階では自動でランダムな文字列が設定されていますので、変更しましょう。

　名前やアカウントに関連する英単語をいれておくなど分かりやすいものがおすすめです。ユーザー名は、他のユーザーによってタグ付けや検索で使用されます。また、TikTokライブに参加したときなどに表示されますので、名前を呼んでもらいやすいものにすることも意識してみてください。

　注意点としては、ユーザー名は30日に1回のみ変更できます。また、一度使用をやめたユーザー名は一定期間アカウントに再設定できなくなります。ユーザー名は頻繁に変更せず、ある程度長期的に使用できるものにしましょう。

名前（ニックネーム）の設定手順

プロフィールから、プロフィール画面の真ん中あたりにある「プロフィールを編集」をタップします。「名前」を選択し、使いたい名前を入力しましょう。入力が終わったら「保存」を押してください。

01

「プロフィールを編集」
をタップします。

02

「名前」をタップし使い
たい名前を入力します。

　プロフィールから、プロフィール画面の真ん中あたりにある「プロフィールを編集」をタップします。「ユーザー名」を選択し、使いたいユーザー名を入力しましょう。入力が終わったら「保存」を押して設定完了です。

01

「プロフィールを編集」
をタップします。

02

「ユーザー名」をタップ
して使いたいユーザー
名を入力します。

92

自己紹介文と リンク先の設定ポイント

SECTION
03

アイコン画像、名前、ユーザー名の設定ができたら、残りは自己紹介文とリンク先の設定です。設定はシンプルですが、とても大切な要素です。

自己紹介文のポイント

自己紹介文は、自分の詳細なプロフィールやどのようなコンテンツを投稿しているかなどをユーザーに伝えられる大事な項目です。ここでも「とにかく分かりやすいこと」が重要です。沢山の情報を詰め込んでも、わかりにくいとフォロー前に離脱されてしまいますので、シンプルな書き方を心がけてください。

自己紹介文に書く内容は、下記3点の要素を入れていきましょう。

❶自分はどんな人間なのか
❷このアカウントではどのような内容を発信していくのか
❸アカウントをフォローすると（投稿を見続けると）どんなメリットがあるのか

「1日○投稿」と記載して新しい投稿をどんどん公開していることをアピールしたり、「気軽にコメント・シェアしてね」などとフォロワーのリアクションを促す表現を入れるのも有効です。

自己紹介文に入れるとよい言葉の例

● 「月収5万円から月収8桁」「元専業主婦が年商1億の経営者」
など、はじめからすごい人ではなかったのだと印象付けられるビフォーアフターが分かる表現

93

- 「年商〇円」「〇名のコンサル実績」「書籍〇冊出版」「〇社の企業プロデュース」などの実績や権威性
- 「〇〇の専門家」「〇〇資格」「〇〇グランプリ受賞」「〇〇コンテスト優勝」「〇〇企業でマーケティング〇年勤務」などの社会的に認められやすい経歴
- 「世界のパークを全て回ったディズニーマニア」など発信の信憑性になる情報
- 「1日〇投稿」「毎朝6時に投稿」などの投稿頻度
- 「気軽にフォローしてね」などの行動を促すメッセージ
- 「〇月末まで〇〇プレゼント中」などのリンクへの誘導

　最大80文字までですので、インパクトがあり、且つ、コンパクトな記述にすることが重要です。なお、プロフィール文章内に「YouTube」「Instagram」「X（旧Twitter）」など、他社SNSのサービス名称を入れないほうが良いとされています。

リンク先の設定

　TikTokをビジネス活用していく際には、プロフィールのリンク先は必ず設定したい項目です。TikTokだけでは伝えきれない情報を提供したり、プレゼントキャンペーンなどの募集や商品購入に繋がる導線となります。

　動画を見て投稿者が気になった場合に、プロフィールをチェックし、興味を持った場合はプロフィールにあるURLをクリックしてリンク先を訪れます。一度、TikTokアカウントをフォローしたらプロフィールをわざわざ見に行く機会は減ってしまうので、定期的に動画の中でもプロフィールからリンク先へ移動できることをお知らせしていくとよいでしょう。

　ただし、個人アカウントの場合は、ホームページやウェブサイトへ

のリンクを貼れるようになるのはフォロワーが1,000人以上になってからです。YouTubeとInstagram、X（旧Twitter）へのリンクはフォロワー0人でも設定できます。

　リンク先は、YouTubeチャンネルやLINE公式アカウントの友だち追加リンクがおすすめです。例えば、TikTokユーザーにプロフィールから自身のYouTubeチャンネルも見てもらうことで、TikTokの短い動画だけでは伝えきれない内容をまとめて伝えることができたり、さらに深く自分の事を知ってもらうことができます。専門性が高い内容の長尺の動画を数本見てもらうことができれば、一気にファン化が進んだり、先生ポジションをとれたり、専門家とみなしてもらえるような状態に近づくことができます。

　LINE公式アカウントの友だち追加リンクの場合は、プレゼントの配布や、限定的な情報提供や、キャンペーンの申込や商品の購入案内など、様々な活用ができます。TikTokアカウントを作成した段階では「LINE公式アカウントや長尺動画がない」という方も居るかと思います。その場合でも、TikTokで認知を獲得してから次にどこに繋げていくのかという計画がなければビジネスとして活用しづらくなりますので、フォロワーが1,000人になるまでにぜひ準備してください。

自己紹介文とリンク先は何度でも変更可能

　名前（ニックネーム）やユーザー名には変更の回数制限がありますが、自己紹介文とリンク先は何度でも変更することができます。

　直接的に商品やサービスへの購入に結びついてくる項目ですので、様々なパターンをテストして試してみたり、キャンペーンや期間限定で変更してみるなど、自己紹介文とリンク先を併せて活用していきましょう。

自己紹介文の設定手順

　プロフィールから、プロフィール画面の真ん中あたりにある「プロフィールを編集」をタップします。「自己紹介」を選択し、使用したい自己紹介を入力しましょう。入力が終わったら「保存」を押して設定完了です。

01

「プロフィールを編集」
をタップします。

02

「自己紹介」をタップし
使用したい自己紹介を
入力します。

リンク先の設定手順

プロフィールから、プロフィール画面の真ん中あたりにある「プロフィールを編集」をタップします。「ウェブサイト」を選択し、記載したいURLを入力しましょう。入力が終わったら「保存」を押して設定完了です。さらに、フォロワー0人でも設定できる、Instagram、YouTube、X（旧Twitter）のリンクもそれぞれ設定が可能です。

01
「プロフィール編集」を
タップし、連携したい
サイトのURLを入力し
ます。

02 「ウェブサイト」をタップし、
LPやホームページのリンクを
入力します。

03 他のSNSアカウントへ誘導し
たい場合は設定しましょう。

伸びているアカウント 設定の事例

4

実際にアカウントを伸ばした人は、どのようなプロフィールにしているのでしょうか。各事例から秀逸なポイントをお伝えしますので参考にしてみてください。

名前だけで発信内容が一目瞭然

　このアカウントは、自身が108キロから40キロものダイエットに成功した体験から、ダイエットに関するショート動画を投稿しています。このアカウントのすごい点は、なにより「−40キロママ　0円ダイエット」の名前だけで、どんなアカウントであるかが一目瞭然ですよね。なので発信するターゲットも明確です。"マイナス40キロママ"という表現で「ダイエット」に関心がある「女性」に届きやすく、"0円ダイエット"というワードで、「特別なサプリやドリンクなどではなく、お金をかけずにダイエットできそう」「そんなにすごいダイエットに成功したひとの秘訣を知ることができそう」などと、名前を見ただけで、視聴ユーザーがアカウントをフォローするメリットをすぐに想像できます。

　TikTokのプロフィールのリンク先からは、楽天ROOMへとアクセスでき、そこからダイエット関連の商品が売れると成果報酬が得られる導線になっています。フォロワー3,000人ほどのTikTok運用初期段階でPR依頼やメディア出演依頼も入り、LINE公式アカウントに集まったファンからは、サービスの提供前から「有料でダイエットのやり方を教えてほしい」と依頼が来るほど、フォロワー数や再生数だけではなくしっかりと顧客に繋がるファンの獲得ができている実例です。

　あなたもアカウント名に、何をやっている人なのかが一目で分かる

ように書いて、将来の自分のお客様になるかもしれない層から、迷わずすんなり選ばれるように表現を工夫しましょう。

あなたには「以前は100キロ以上の体重だった」このクリエイターのように、一見ネガティブに思えるような「黒歴史」はありますか？実は、黒歴史がある人は超ラッキーなのです。みんなが出したがらない恥ずかしい話なので、TikTokの投稿クリエイターになるなら、過去のダメさをオープンにした人からファンがついていきます。過去の黒歴史と今とのギャップがあればあるほど、再生数の伸びにも繋がっていきます。「ー40キロママ　0円ダイエットさん」も、あえて太っていた過去を赤裸々に公開することで、同じように悩んでいる人に「わたしでもできそう」と理想の未来を見せることができているのです。

ー40キロママ　0円ダイエット

キリンづくしで覚えられるブランディング

　こちらのアカウントは、まずアイコン画像がオリジナルのイラストで「イスに腰掛けるキリン」のキャラクターになっています。一度、アイコンを目にしたらとても印象に残りますよね。動画のサムネイル画像にもこのキリンが毎回登場し、ユーザーIDも「@ken.giraffe」とキリンづくしで「キリンの人」と覚えられやすくなっています。

　また、名前の「素のままで、なりたい自分になる」や自己紹介文1行目の「＼見るほど自然と人生が上向きに／」というメッセージ性で、このアカウントをフォローすることでどんな未来が待っているのか、得られるものが何かを訴求することができています。再生数やフォロワー数を見ても既にかなり認知を獲得できていることが分かります。

　この方のリンク先は無料プレゼントの受取りができるメルマガへの登録ページになっていて「無料の音声が59本ももらえる」というお得感とインパクトで、沢山の方にメルマガ登録されています。無料プレゼントを入り口として、その後もメルマガの読者になってもらうことで、提供している価値を理解してもらい、セッションや個別のコンサルティングなどの商品の購入に繋げることができています。

　これだけのフォロワー数と再生数がある場合、プロフィールにあるリンクから、直接個別での相談やセッションの受付をしてしまうとたくさん人が来すぎてしまい対応に追われる、ということにもなりかねないので、TikTokで認知を集めてメルマガリストを構築し、メールでブログへ誘導して顧客教育・ファン化できるようにうまく導線設計している参考になる事例です。

　まずはTikTokで認知を獲得することが重要ですが、ビジネス拡大という結果に向けて次のステップも考えての導線設計の事例としてご紹介しました。

賢太郎【素のままで、なりたい自分になる】

海外フォロワーに向けたプロフィール

こちらのアカウントはフォロワー数22万人のヨガに関するアカウントで、毎日1分でできる簡単な体操を紹介しています。難しいヨガのポーズなどではなく、誰でも気軽に取り組める体操を紹介することや、動画の字幕も「bfore・after」「LEGS」「ARM」など簡単な英単語にして、日本人にも海外の方にも楽しめる動画になっています。

「Yoga Guiness World Record」の記載でギネス記録保持者であるという権威性を出すことができていますが、これも日本人にも海外の人にも分かりやすい表記です。

リンク先はInstagram、X（旧Twitter）、YouTubeに設定されており、このTikTokアカウントが各SNSへの入口になっています。プロフィールで本人について知ってもらい、リンク先にアクセスすると、ヨガウ

エアの販売やコーチング、SNSコンサルティングなどの商品の購入に繋げています。InstagramやYouTubeショートにも同じ動画を使用し、有効に活用されています。

　海外の人がターゲットになり得るビジネス・サービスをお持ちの方はこちらのアカウントを参考に非言語的な動画をメインに海外向けて活用するのも、面白い結果に繋がるかもしれません。

　近年はAIが発展しているので、AI生成サービスを活用すれば日本語で撮影した動画も英語で話しているように簡単に編集することもできるので、英語が話せない人でも気軽に海外にシェアを広げられる可能性があります。

　ただし、TikTokは日本のクリエイターへは日本への発信を推奨しているため本格的に海外に向けた発信をしていく場合スマートフォンのSIM設定を海外設定にすることをおすすめします。事例のayumiさんは海外在住です。

yoga&zen master ayumi

明確なターゲットと魅せ方が秀逸

　この方のプロフィールを見れば、動画を見ていない状態でも何をやってる人なのかがすぐにわかると思います。

　名前に「学長」とついていることで、何かの学校をやっている人なのだと想像でき、権威性も感じます。そして「男性婚活のプロ」という肩書で、誰に向けての発信をしているのか、明確なターゲットが示されています。また、アイコン画像を見ても「学長」らしいフォーマルな服装でありつつも、ポーズや表情で親しみやすさが出ていますよね。写真自体のクオリティの高さも、プロ感・信頼感に繋がります。吉本芸人を挫折し会社員になるものの、カンボジアで起業というエピソードも、珍しい経歴で「どんな人なんだろう？」と興味をそそられます。

　また、このアカウントは動画の趣旨が明確で分かりやすく見ている人に届けることができているうえ、TikTok動画を起点としたビジネス活用の仕方もとてもうまくできていて参考になります。

　川瀬学長のショート動画の人気コンテンツである「ビフォーアフター企画」は、とにかく変身前と変身後の魅せ方が上手です。見るからにモテなさそうな人をモデルにして、洋服コーディネートから美容室・理容室まで1本の動画で表現しています。大変身した後のアフター写真に特にこだわっていて、理想の未来を魅せることに注力しているそうです。また、変身中にモデルさんの過去のエピソードやストーリーのインタビューを入れて、モデルさんへの興味や共感を深く持たせる工夫がされています。

　また、この企画では、動画の最後に「コメント欄でモデルを募集しています」と誘導し、応募された中から抽選した人を無料で変身させています。これによって、次のビフォーアフター企画に出演してくれるモデルを獲得できるうえに、コメント欄も大いに盛り上がるという、

素晴らしいサイクルです。

　現在はビフォーアフター企画ではなく、YouTubeの切り抜き動画を投稿しYouTubeへの誘導となる動画をTikTokで投稿しています。ショート動画から直接入会を促すのではなく、YouTubeでロング動画を見てもらうきっかけとしてTikTokを活用しています。

　川瀬学長のSNSでは、1つの動画をYouTubeショート、TikTok、Instagramリール、Facebookリール、X（旧Twitter）、LINEVOOMなど複数のSNSにも投稿しており、TikTokで100万回再生以上出たものを他媒体でも100万再生以上出して、たった1本のショート動画で何万人もの認知を取っています。この活用の仕方が本当に上手です。

川瀬学長【男性婚活のプロ】

　この事例を参考に、顧客のビフォーアフターを分かりやすく表現できるビジネスジャンルならすぐに参考になる要素を取り入れてみてく

ださい。その場合は、過去のエピソード・ストーリー失敗談を入れて視聴ユーザーに共感を持たれるよう工夫しましょう。そして、TikTok用に作った1本のショート動画を別SNSに転用して何倍にもしていきましょう！

　これらの事例を見てわかるように、フォロー数や再生数が伸びている方々のアカウントは、プロフィールの設定や、アイコン、リンクの導線などがしっかり整っています。それに加えて、さらに大事なのが「発信の目的や届けたいターゲットが明確であること」「アルゴリズムに好まれる発信のしかたであること」です。この全ての要素がバランスよくできることで、総合力が上がっていきます。いきなり「全部のバランスを完璧に」と思うと難しく感じるかもしれませんが、一つずつクリアしていけば大丈夫です。

　最後に、TikTokのガイドラインにはレコメンドフィードの表示対象外になるコンテンツがあります。例えば、ダイエットの発信であっても、「極端にカロリーを制限」「長時間の断食行為」「原料サプリメントの使用」「サイズダウンの断言」「美容整形を表示または助長する」ものについては禁止されています。

　他にも、「根拠のない誤情報」や「情報源の不正表示」、「偽のエンゲージメント」や「偽のインセンティブ」や、投稿クリエイターが新しく編集を加えることなく、単にアップロードしただけの複製コンテンツなど、オリジナルではないコンテンツも表示対象外となります。これから発信していくコンテンツが、ガイドラインに反していないかを事前に確認することも重要です。

　次のCHAPTER-5では、あなたのアカウントで発信をする目的やゴールについて一緒に考えていきましょう。

趣味アカウントで終わらせないための黄金法則

　突然ですが、世界にディズニーパークが何箇所あるかご存じでしょうか？　アメリカにはカリフォルニア州・フロリダ州に1箇所ずつ、東京、パリ、香港、上海と6箇所あります。

　私は、この世界のディズニーパークを全て回った経験があります。東京ディズニーリゾートの年間パスポートは10年更新し続け、香港ディズニーランドの年間パスポートも買って通ってしまうほど生粋のディズニーマニアです。

　現在、自分自身が運営している「夢中発見ビジネスコミュニティ」は、SNSだけで集客をしています。「ビジネスだからこうしなきゃ！」という考えをやめて、私自身が楽しい、ディズニーとマーケティングを掛け合わせた発信をしています。例えば「ディズニーキャストが手を叩く本当の理由」「クリスマスディズニーに幼稚園児が多い理由」という内容です。実際に、その発信に共感をしてくれた人たちが集まってきてコミュニティは大盛況。

　大好きなディズニーがコンテンツとなり、マーケティングと掛け合わせて相乗効果となっています。ただただ、ディズニーのことを伝える趣味アカウントで終わらせず「自分でビジネスをして楽しく生きたい」人に集まってもらうために、CHAPTER-6でお伝えするショート動画の黄金法則に合わせて発信しています。

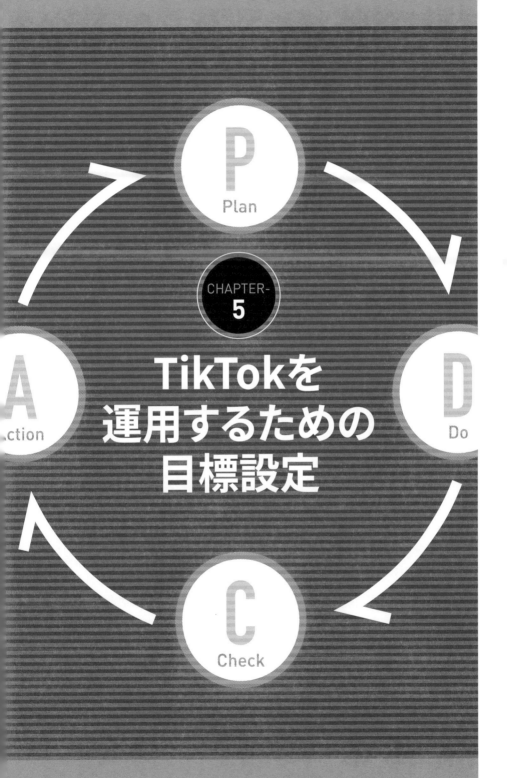

CHAPTER-
5

TikTokを
運用するための
目標設定

5 TikTok運用の目的

あなたのアカウントは、どんな目的で何をゴールにして運用していくのでしょうか。目標設定の重要性と、考え方についてお伝えします。

TikTokの運用目的を考えよう

いざアカウントとプロフィールが出来上がったところで、「とりあえず動画を投稿してみよう！」とやみくもに始めてしまうのは危険です。「どのような人に届けるのか」「どんなメッセージを発信していくのか」などの、アカウント運用の目的が定まらないことには、投稿した動画がどうよかったのか？ この再生数で順調なのか？ の判断ができないからです。さらに、ゴールが見えないままでは途中で継続できなくなり、得たい成果を得られるまで続けることは難しいです。

目的があれば、逆算して戦略や計画を立てることができるので、自然と継続しやすくなり、成果が得られる状態までたどり着きやすくなります。

例えば、自社商品の想いを伝えて共感してもらうのか、自分自身について発信することでファンを得てマネタイズしていくのか、商品を紹介してアフィリエイトで収益を出していくのか、目的によって運用の方法は全く異なります。

自分の頭の中にはイメージがある状態だとしても、運用開始前にきちんと言語化して視覚的にも見えるようにしておくことで、「ファン化を目指していたのにバズりたくなって、ウケるネタ探しをしてしまった」「再生数がほしくて投稿してるけど商品購入に繋がっていない」などの遠回りを回避することができます。

バズらせることは本当に必要か

CHAPTER-1でも触れたように、TikTokで動画を投稿し始めると、どうしても「バズりたい」「バズらなきゃ目立てないのでは……」と爆発的な拡散を狙いたくなってしまうのですが、運用開始前に目的を定める段階で、本当にそれが必要かどうかをぜひ確認して、しっかりとご自身に落とし込んでおいてください。

私も、「バズっても意味がない」とまでは思っていません。実際に、最初にバズったアカウントでは、当時販売したかった商品の購入には全く繋がらず、別のアカウントを1から立ち上げることになってしまったのですが、この時の「123万回再生」や、TikTokでの「300万回再生」や「配信開始35日で1万フォロワー獲得」という数字があるからこそ、それが私の実績となり現在の仕事にもつながっています。

これがきっかけで、インフルエンサーとしても、企業の運用代行・プロデュースなどの事業としても実績を積むことができるようになりました。客観的に分かりやすい数字がブランディングとなり、仕事相手として選んでいただけるようになるのです。

起業初期の段階で「とにかく何かで実績を作りたい」という場合や、プロフィールで「TikTokで〇万回再生された」と書くことで「この人凄そう」と思わせたい時などにバズを狙った運用をしてみるのはひとつの方法です。そのアカウントから商品が売れていくというよりも、見栄えのする数字的な実績があることで次のビジネスフェーズに役立てることができます。

そのような目的ではなく「想いやビジョンを発信したい」「共感してもらえる仲間を増やしたい」「価値を伝えて商品を好きになってもらいたい」などの場合は、フォロワーとのエンゲージメントを高めるファン化を目指す運用をしましょう。

なお、一度バズりで人が集まってしまったアカウントを、ファン化路線に途中で変更してくことは現実的ではありません。なぜかというと、再生数を最大化するために、大衆ウケする流行を追ったネタで投稿することが多いので、それを求めるフォロワーがついています。

　この状態で、ファン化路線に変えても、もともとのフォロワーが求めているタイプの情報ではないので、そもそもの興味関心が低く、いいねやコメントがつかず、エンゲージメントが下がってしまい、結果的に、アカウントの勢いがなくなってしまってどっちつかずになってしまうからです。アカウント作成したばかりの段階で、バズりを狙うのかファン化を狙うのか、しっかり決めておきましょう。

4つの運用スタイル

　ここまでお伝えしたように、とにかく拡散されることを目指すことと、想いに共感されてファン化することを目指すことは、対極にあり、運用方法がまるで違います。しかし、このバズりとファン化の2つの間のポジションをとってビジネスにつなげていくやり方も存在します。実際に私が関わってきたアカウントは、ほとんどがこの間を狙って運用しています。扱う商品やサービスによって、この度合いを定めて、動画の内容に反映させていくのです。

4つのショート動画スタイル

普段私がアカウント運用を任せて頂く際に、必ずこのポジション決めを行ってからスタートします。次のA〜Dの4つのうち、あなたの場合はどこを狙っていくのか、確認してみてください。

一つ目がAの「拡散型（バズ度90%）」です。このタイプは、とにかくバズを狙った動画を量産していく事にコミットします。このタイプに向いているのは、比較的買いやすい価格帯の商品を扱う物販（化粧品、書籍、食品、農作物など）の業態です。または、新しい店舗や新しいサービスでとにかく認知拡大したい場合です。

二つ目がBの「ファン型（バズ度50%）」です。発信している内容に興味がある人をファンとして増やしていきたい場合に向いています。TikTokの使い方として、発信しているメッセージに共感を持ってもらえた人に、LINE公式アカウントやメルマガ登録を促したり、YouTubeに誘導して更に詳しい内容を見てもらったり、体験セミナーなどのフロント商品（本命の高額商品の手前で販売する低額商品）の販売へと繋げていきます。

三つ目がCの「ビジョン型（バズ度20%）」です。これは、自分の想いを共有してビジョンに対して共感を得てコアなファンを獲得していくやり方です。個別のコンサルティングや、長期の伴走サポートなど、高額なサービスを販売するために、TikTokの動画だけである程度、対象を絞り込んで、集客していきたい場合に向いています。一般的には30万円以上のコンサルティングやコミュニティなどは高額な商品だと言われています。

そして最後、四つ目がDの「サービス紹介型（バズ度1%）」です。世間一般的というよりも、ニッチな分野の商品や、自分が理想とするお客様をごく一部に絞り、お客様の求める内容にオーダーメイドで提

供していくような特別な商品に適しています。

　私が主宰している「夢中発見ビジネスコミュニティ」は、経験ゼロから起業を目指すコミュニティで、内容としては、6カ月の期間、自分の人生と向き合う覚悟を決めた方と少人数制で密度高く全面的に向き合って、自分が夢中になれる事からマネタイズできるまでをサポートするものです。高額の部類にあたるので、まずはショート動画から興味を持ってもらった人にLINE公式アカウントに友だち追加してもらい、無料の個別相談に申込してもらうカタチをとっています。現在こちらのコミュニティはInstagramが主な入口になっていますが、Bの「ファン化（バズ度50%）」を目標に設定し運用しています。

ファン化までの道のり

　ファン化を目標に定めた場合、どのような状態を目指して行けばよいのでしょうか。ファンというと「アイドルのようにキラキラしてなきゃいけないのか」とか「憧れられるような身なりにしなきゃ」「顔面偏差値に自信がない」と思ってしまう方もいるかもしれませんが、ビジネス発信におけるファン化とはそうではありません。また、一言で「ファン化」と言っても、次のように段階があります。

　まず最初の段階は「なんか好き」という状態で、動画が流れてきたら見るし、共感出来たら「いいね」してくれるような人です。そこからもっとファン化が進むと、フォローしてコメントしたり、ライブを視聴してあなたの発信をチェックしている状態になります。そしてさらに共感が深まると、もっと近づきたい・仲間になりたいと思うようになってくれて、個別相談やセミナーなどのフロント商品を購入してくれます。発信されている情報は一通りチェックしているので、話す内容の理解度も高く、共通言語で話ができる状態です。ファン度100

%になると「私の人生を変えてくれた、無くてはならない存在」として、応援者となり、継続的な関係が続いていきます。

ファン化のピラミッド

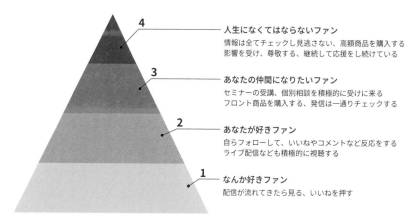

人生になくてはならないファン
情報は全てチェックし見逃さない、高額商品を購入する
影響を受け、尊敬する、継続して応援をし続けている

あなたの仲間になりたいファン
セミナーの受講、個別相談を積極的に受けに来る
フロント商品を購入する、発信は一通りチェックする

あなたが好きファン
自らフォローして、いいねやコメントなど反応をする
ライブ配信なども積極的に視聴する

なんか好きファン
配信が流れてきたら見る、いいねを押す

❶なんか好きファン（ファン度20%）
行動：動画が流れてきたら見る、いいねを押す
⬇
❷あなたが好きファン（ファン度50%）
行動：自らフォローして、いいねやコメントなど反応をする。
ライブ配信なども積極的に視聴する
⬇
❸あなたの仲間になりたいファン（ファン度80%）
行動：セミナーや個別相談を受けに来る、フロント商品を購入する、
発信されている情報は一通りチェックしている
⬇
❹人生になくてはならないファン（ファン度100%）
行動：発信された情報は全てチェックし見逃さない、高額商品を購入
する。影響を受け、尊敬する、継続して応援をし続けている

私のコミュニティの場合は、無料の個別相談に来てくれる方が10人いた場合、7人の方は高額商品であるコミュニティに参加を決めてくれています。普段から投稿を見て、発信の内容に共感してくれているため、個別でお話ししたときのギャップが少なく、ほとんど入会を決めた状態で来てくれる方が多いからです。こちらが頑張って売り込むというよりも、欲しくて求めてきてくれている状態を作ることができているので、これがひとつのファン化のカタチだと思っています。

ファン化する発信とは

　共感・ファン化を目指す上で特に意識しているのは、必要以上によく見せたり飾り立てるのではなく「わたしと同じだ」「わたしにもできるかも」と思ってもらうことです。そして、ターゲットとしている人たちから心理的距離が遠すぎない、ちょっとだけ先を行く存在として好きになってもらうことです。

　もちろん、成功している実績や指導実績もお伝えしますが、自分の幼少期の思い出や生い立ちを伝えたり、失敗談も交えながら、挫折や困難を乗り越えて今がある、だからこそこんな想いを伝えていきたい、というメッセージを一貫して発信しています。これまでのさまざまな経験があるからこそ伝えたいメッセージがクリアに浮き出て、似たジャンルで発信している競合の中でもその人らしさがはっきりと見えるようになり「あなただから」と選ばれることができるのです。

誰でも簡単！
目的とゴールの設定方法

5

SECTION 02

では、具体的にあなたのアカウントの目的とゴール設定をしていきましょう。診断テストやワークシートを使って、ゴールを言語化してみてください。

あなたの興味から目指す運用タイプを見つけよう

あなたが普段見ているショート動画は、どんなものですか？ その動画のどこに惹かれていますか？

自分の興味のタイプから、どんな発信が向いているのかP116にある「性格別ショート動画タイプ診断」をもとに、探ってみてください。

A…バズってみんなに認知されたい「拡散型」

B…自分のスタイルに共感してくれるファンを育てたい「ファン型」

C…自分のビジョンに共鳴するコアファンを育てたい「ビジョン型」

D…理想のお客様へ商品やサービスを紹介したい「サービス紹介型」

このSECTION 02では、無添加の食生活について発信していきたいAさんの事例と共に、あなたのアカウントの運用目的や理想とするゴール、ターゲット選定、設定したターゲットの悩み、自分の強みを、一緒に考えていきましょう。

無添加の食生活についての発信をしていきたいAさんは、ショート動画タイプ診断の結果Bの「ファン型」でした。

実は、あなたがリールに求めているのはコレかも？

性格別ショート動画タイプ診断

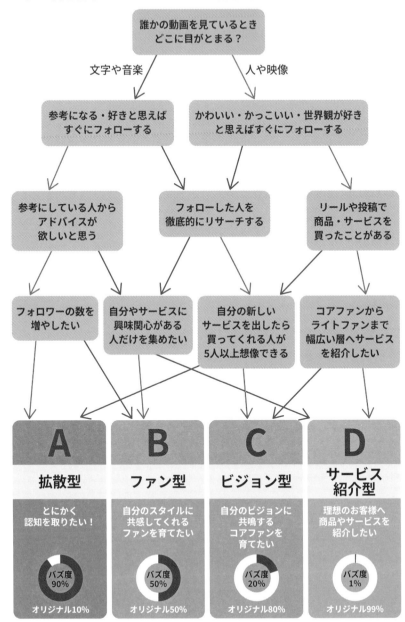

誰かの動画を見ているとき
どこに目がとまる？

文字や音楽　　　人や映像

参考になる・好きと思えば
すぐにフォローする

かわいい・かっこいい・世界観が好き
と思えばすぐにフォローする

参考にしている人から
アドバイスが
欲しいと思う

フォローした人を
徹底的にリサーチする

リールや投稿で
商品・サービスを
買ったことがある

フォロワーの数を
増やしたい

自分やサービスに
興味関心がある
人だけを集めたい

自分の新しい
サービスを出したら
買ってくれる人が
5人以上想像できる

コアファンから
ライトファンまで
幅広い層へサービス
を紹介したい

A 拡散型
とにかく
認知を取りたい！
バズ度
90%
オリジナル10%

B ファン型
自分のスタイルに
共感してくれる
ファンを育てたい
バズ度
50%
オリジナル50%

C ビジョン型
自分のビジョンに
共鳴する
コアファンを
育てたい
バズ度
20%
オリジナル80%

D サービス紹介型
理想のお客様へ
商品やサービスを
紹介したい
バズ度
1%
オリジナル99%

目的とゴールを書き出してみよう

「なぜTikTokを運用するのか」「アカウント運用における理想とするゴール」について、書き出していきましょう。書き方のポイントは、とりあえず「認知される」「商品が売れる」とか抽象的な言葉ではなくて、具体的に記載することが重要です。あと、バズりと、ファン化の両極の目的を両方入れるというのではなく、診断のタイプ別に合わせて、1〜2つの目標を定めることを推奨します。

　　本書の購入特典として、今から行う目標設定やターゲット設定を行うワークシートをプレゼントしています。10ページよりダウンロードして、実際に書き込んで言語化していきましょう！

Q1　なぜTikTokを運用するのか

例：手軽に利用できること、幅広い利用者層がいることから、無料集客の位置づけで運用し「認知を増やす」、認知されることで「顧客の母数（フォロワー〇人）を増やしていきたい」

例：物販アカウントを開設して、TikTokからの流入で商品購入（〇〇件〇〇万円）に繋げたい

 あなたの目的を実際に書いてみよう

Q2　アカウント運用における理想とするゴール

例：広告での有料集客に加えて、TikTokにて無料集客をすることで窓口を2つ設けて安定した集客（〇件）及び利益拡大（〇〇万円）をしたい

例：フォロワーとの関係値を深めることでファン化を促し、自身のサブスクリプションサービスの登録を毎月〇〇件獲得する

 あなたの理想とするゴールを実際に書いてみよう

117

無添加の食生活について発信していきたいAさんがTikTokを運用したいと思う目的は、配信で顧客教育をするとともに、無添加のお料理教室の集客につなげること、としました。

TikTok上のターゲットを考えよう

　目指すゴールが明確になったら、次はTikTokユーザーのどんな人をターゲットにするのかを明確にしていきましょう。

　例えば美容グッズであれば、新しいものを試すのが好きな女性なのか、一度気に入ったら固定化しやすい男性なのか、独身でお金と時間に余裕のある人なのか、子育て世代で忙しい人なのか、同じ商品でも設定するターゲットが違えば、発信内容は全く違うものになります。その商品が60代向けだとしたら、もしかしたらTikTokを使わない、という選択肢もあるかもしれませんが、少ないからこそニッチな層に刺さる発信ができれば勝機は十分にあります。

　まずはどんな人をターゲットにするのかを具体的にしましょう。居住地域、生活スタイル、年齢、仕事、年収、既婚未婚、家族構成などの視点で考えてみてください。

あなたのターゲットは？
TikTok上のターゲットを考えよう

　Aさんのターゲットは、30代女性、女性のライフスタイルの変化に応じて、食への意識が変わり始めている人、妊活中だったり、子供を産んで意識が変わったり、料理が得意ではないけど、健康を気にし始めた人、と設定しました。

ターゲットの悩みや解決したい問題を考えよう

　ターゲットが決まったら、その方が持っている悩みや解決したいと思っている課題について考えてみましょう。これを考えるときのヒントは、自分の商品が「過去に自分が悩んでいたことを解決するもの」である場合は、悩んでいた当時の自分を振り返って詳細に洗い出してみてください。思いつく限り、とにかく出していき、解決したい重要度や緊急性に分けて分類していきましょう。

　既にある商品の販売やアフィリエイトなどを狙う方は、ネット検索や質問掲示板などを見て、その商品自体の市場やどんな悩みを持った人が使用するものなのか調査を行ってください。悩みや課題は30個～50個挙げられるとよいでしょう。

　「そんなに沢山思いつかない……」という方はChatGPTを活用するのもおすすめです。「（前項で決めた）ターゲットの悩みを100個挙げてください」などと入力し、出たものの中から重複したり不要だと思ったものなどを絞り込み精査する形で、30個～50個にしてみてください。

　Aさんのターゲットの抱えている悩みは、下記３つをはじめ50個挙げました。

- 絶対に食生活を改善したほうがいいけどファーストステップで何をしていいかわからない
- 食べ物にこだわりたいし、自分の身体をいたわりたいけど、SDGsに配慮した生活ができていない
- 身体に優しい料理がしたいけど料理に時間を掛けられない

119

自分の強みを考えよう

　次に、自分の得意とすること、売りとなることは何なのかを考えて
みましょう。例えば「提供するサービスのサポートが手厚い」「自分の
経験した失敗などがカリキュラムに組み込まれていて実践的」などで
きるだけたくさん洗い出してみましょう。

　このとき、自身の商品やサービスに関係ないと思うようなことでも
自分の強みとして挙げていってください。例えば「悩みや相談がしや
すいと人によく言われる」「喋ることが得意」「ファッションが好きで
季節ごとのトレンドは把握している」「推しのキャラクターの知識なら
誰にも負けない」など、何でも大丈夫です。

　自分の動画を作っていくときに、商品の魅せ方とかけ合わせたり、
思わぬところで活用できる場合が大いにあるからです。

　企業アカウントの運用であれば、その会社の歴史や強みなどをでき
るだけたくさん挙げましょう。これも、目安としては30個〜50個ほ
ど、あればあるだけ出してください。

Aさんのサービスの強みは、

- 自分の実際の体験を通した話しができる
- 無添加のメリットデメリットを理解しているので、日々の生活
  バランスを考えた取り入れ方を説明できる
- 料理が得意ではないズボラな女性でもできる調理方法をお伝え
  できる
- 高級な食品ではなくてスーパーなどで変える商品を紹介できる

　さらに、サービスに関係なさそうですが、

- キッチンや食器などセンスがいい
- 家がおしゃれ・きれい
とにかく元気で声にエネルギーが乗る

なども強みとして挙げました。

反応の良かったものを洗い出そう

　今までに少しでもSNSでの発信経験がある場合は、その時のフォロワーやお客様から反応の良かったものを考えていきましょう。例えば「ディズニーに絡めた発信が反応良かった」「自分の想いをストレートに伝えたものが反応良かった」「日々の生活やコミュニケーション面での小技や心得を交えて伝えると良かった」など出せる限り挙げてみましょう。

　これから実際に提供しようとしている商品のことでなくても、「ブログでこの記事がよく閲覧された」「過去のお客様にこの部分を褒められた」「職場でこういう部分が評価された」などどんな視点でも大丈夫です。

　普段の生活の中でも「この話すると反応いいんだよな」とか「家族にしてあげて喜ばれたこと」なども思い出してみてください。

　Aさんは過去に、

- 子供でも安心して使える日用品の話をして反応が良かった
- 無添加だけど負担の少ない安価な製品の話で反応が大きかった
- 毎日使っても負担のない安価な商品を紹介すると反応が良い

などと反応の良かったものを挙げました。

9割の人が見落とす参考アカウントの重要性

5

SECTION
03

ターゲットや自分の強みなどが見えてきたら、次はそれをTikTok上での時流に乗せていくために、参考アカウントの調査をしていきましょう。

構想をもとに設計しよう

　ここまで、運用の目的の設定や、想定するターゲット、自分や商品の強みなどについて考えてきましたが、ここからは、TikTokで好まれる動画として魅せていくために、参考アカウントの調査をしていきます。「どのような動画にしていったらいい反応が取れるのか」「見られやすい構成の動画はどのようなものなのか」など、既にある成功事例を元にモデリング（型などを踏襲する）先を見つけていきましょう。

　決してやってはいけないのは、自分オリジナルの動画を作ってしまうことです。「他にない動画の方が目立つのでは」「自分の色を出した方が想いが伝わるのでは」と考えてしまうかもしれませんが、TikTok上にある動画は人気の型や、好まれやすい台本構成などが、ある程度決まっています。ユーザーからしても、見慣れた構成の動画のほうがわかりやすくて内容も入りやすく、伝わりやすいものです。

　一から自分好みに作り込むのではなく、見られやすい構成、見られやすいテンポ、人気のBGM、ジャンルの雰囲気にあったデザインなど、すでに成果が出ている動画の良いところを取り入れながら、自分の発信する想いやメッセージを際立たせていきましょう。

モデリング先、競合先の調査

　ハッシュタグ検索などで、関連のキーワードから競合先やモデリン

グできそうな動画を探していきます。このとき、あくまで発信者やアカウント全体ではなく、動画単位でピックアップしていってください。

モデリングできるかどうかのポイントは、バズりを目指すなら100万再生以上の動画を、ファン化を目指すなら最低でも1万再生以上の動画から見つけてください。

また、最終投稿日を確認し、最近更新されたものであるかをチェックしてください。1年以上前に投稿されたものは対象外です。

ファン化できていて参考になるかを判断するには、コメント覧に注目してください。コメントの件数もポイントですが、プレゼント目当てで似たようなコメントだけという状態ではないことや、「わたしもそうしてます」「考え方に共感しました！」「そういう視点で日常過ごしたいです」などコメントの中身をみてください。

あなたの競合になりそうなアカウントを30件ピックアップし、モデリング先はその中から10件選んでください。

スマホのメモ機能などでもよいですが、いつでも見返しやすいように、ExcelやGoogleスプレッドシートなどに一覧にしてまとめておくことをおすすめします。

本書の購入特典として、競合調査分析シートをプレゼントしていますので10ページよりダウンロードして活用してください！

モデリング先、競合先の分析

リストアップが終わったら、分析に移りましょう。アカウント名、アカウントURL、フォロワー数などの情報に加えて、そのアカウントの特徴、強み、伸びている投稿のURL、伸びている投稿の理由などを、あなたが気づいたことを書き出してみてください。

例えばアカウントの魅せ方や特徴でいうと、「成功者何人輩出など実績が記載されている」「このサービスを利用することで得られる未来を

イメージできる」「プレゼントからLINE公式への促し等が上手」「豪華特典の配布をしている」であったり、伸びている投稿の理由は「情報自体が実用的」「話し方が上手」「動画の文字が少なくて読みやすい」「未経験向けにわかりやすく紹介している」など、自分で見ていいなと思った点をたくさん挙げてみてください。

モデリング先、競合先をもとにニーズ調査

モデリング先、競合先の分析ができたら、自身が決めたターゲットにニーズがあるかを改めて検討しましょう。そもそものジャンル決めが適正なのかなど調べていきましょう。

モデリング先のコメント欄を見て、コメントしているユーザーの層を確認したり、フォロワーを開いてどんなユーザーがフォローしているのかを確認すると、自身が考えているターゲットが本当に存在するのかを把握できます。そして、ユーザーがコメントしている内容をチェックしてみると、リアルな声を拾うことができ、発信しようとしている情報にニーズがあるのかを知ることができます。

ターゲット確定（ペルソナ設定）

モデリング先の調査ができたら、自分が決めたターゲットで進めてよいか、もう一度確認してみましょう。

ターゲットの変更が無くてよい場合は、さらに詳細なペルソナの設定を行っていきます。ペルソナとは、具体的な人物像を設定することです。年齢や性別だけでなく、居住地域、生活スタイル、年齢、仕事、年収、既婚未婚、家族構成など詳細な情報を加え、さらに趣味嗜好、価値観、普段どんなアカウントをよく見ているかなど、その人物をありありと想像できる所まで設定してください。

これを決めておくことで、配信する情報やネタ選びに迷いがなくな

る、デザインの色味なども決めやすい、話題の切り口を決めやすい、配信時間なども決めやすいなど実際の投稿づくりに活かせます。

　言語化することで、ペルソナをあなた自身が深く理解する手助けになるので、ターゲットの本当の悩みに寄り添った発信ができるようになり、一層のファン化が促進するなど、あらゆる場面で役にたちます。

デザイン決め

　最後に、動画をどんなデザインで表現していくかを決めていきます。動画のデザインとは、文字テロップのフォントや、サイズ感、文字の色、どのようなBGMを使うか、背景の色や、置いておく小物なども意図をもって決めていきましょう。

　モデリングアカウントを何件も見ていると、あなたが選んだ発信ジャンルの色味の傾向（美容系なら清潔感の白、占い系なら紫が多いなど）や、伸びやすい雰囲気はどういうものなのか、共通点が見えてくると思います。それらのどの部分を取り入れて、自分の動画にしていくのかを考えましょう。動画の魅せ方は30％程度参考にデザインを決めていきますが、動画の構成そのものは99％参考にすると軌道に乗りやすくなります。

　デザインが決まったらCHAPTER-6をもとにサンプルを撮影し、編集してみましょう。

3日坊主でも続けられる配信スケジュール設定

SECTION 04
5

いざ投稿を始めてみたものの、次の動画の準備が間に合わないなど一度始めた発信が止まってしまわないよう、スケジュール管理を行いましょう。

投稿頻度・投稿時間

あらかじめ、投稿頻度や投稿時間を決めておきましょう。ベストは毎日投稿をすることですが、2日に1回、火・木・土曜日の週3回など、投稿の出来上がり次第ではなく、いつ投稿するのか、タイミングを決めておくことをおすすめします。また、投稿時間も固定で〇時と決めておくと、フォロワーもチェックしやすく、アルゴリズムにもいい影響を与えます。

ビジネスアカウントの場合、PCブラウザ版を使うと投稿の公開日時を予約することが可能です。ですが、投稿の全部を予約にしてしまうと、機械が運用しているとみなされてしまうケースがありますので、目標投稿時刻に予定があるときなどのみ予約投稿機能を使用し、できるだけリアルタイムで投稿してください。うっかり時間ミスが起きないように、スマホのアラームに設定しておいたり、あらかじめ投稿を下書き保存しておいて、その時間に「投稿するだけ」に準備しておくなどもよいでしょう。

スケジュール管理表での管理・運用

「毎日投稿を頑張ろう！」と頭の中で思っていても、気づいたら「ああ……できなかった……間に合わない……」ということになりがちです。そうなると投稿が後ろ倒しになったり、決まった曜日に投稿でき

ない、出来なかったことでさらに億劫になる、など負のスパイラルに陥ってしまいます。

そんなことにならないために、いかに予定通り進めるか、期日を逆算してクリアしていけるかが肝心です。

ひとつの動画を投稿するのにも、ネタを決める、台本を書く、撮影をする、動画編集をする、キャプションを書く、など、投稿完了までにいくつものステップがあります。発信を継続していくために、いつまでに何をやっておくべきなのかスケジュールを管理して運用していきましょう。

Notionなどのタスク管理アプリを使うのもよいですが、運用しながらインサイトの記録や音楽のトレンドなども適宜反映できるスプレッドシートなど一覧で管理できるようにしておくと便利です。

本書の購入得点として、TikTok運用スケジュール管理表をプレゼントしています。ぜひ活用してください！ 10ページからダウンロードできます。

運用スタート

スケジュールが決まったら、スケジュール管理表での計画に沿って動画を制作し、いよいよアカウント運用を開始していきましょう。最初の一か月は、発信のリズムができて習慣化できるまで、とにかく投稿を続けることが大切です。

約200回の再生数は誰でも取れますが、あるとき急に、数百回の再生数から、明らかに数値として伸びて結果がでてきたら、ご自身のサービスの情報を絡めた発信も交えていき、これまでの配信で興味をもってくれたユーザーに対してどうやったら心を掴むことができるかなどを考えて投稿をブラッシュアップしていきます。

ショート動画は認知を取るチラシ代わり

　例えばパン屋をオープンする時、近所のお客さんにまずは店に足を運んでもらうため、新聞折込やポスティングなどで「新規オープン！」のチラシを配ると思います。チラシは、まずパンが売っているということを知ってもらって、足を運んでもらうための手段です。

　ショート動画は、この「認知されるためのチラシ」の役割をしてくれます。ですが、新聞に折り込まれた数あるチラシの中から、まず手を止めて見てもらえなければ、パッと見て興味がないものは読まれることなく資源ごみになってしまいますね。

　足を運んでもらうためのチラシのはずなのに「チラシを配ってるのに全然バズらない……」と最初に決めた運用目的から外れてしまったり、いきなり高額商品の宣伝を始めたりして、せっかく獲得したフォロワーに引かれてしまったり、というようなことがないように、SECTION 02で決めたTikTokの運用の目的を見失わないようにしてください。

5

フォロワー数1,000人の壁を超える戦略とは

あなたの投稿を優先して視聴してくれる母数が獲得できるのがフォロワー数です。一定数のフォロワーを持つことが出来れば、より視聴される機会が拡大していきます。

フォロワー1,000人を目指すには

軌道に乗るまでは、毎日投稿することをおすすめします。少なくとも3日に1回は投稿をするようにしましょう。1週間毎日頑張って、翌週1週間投稿をしない、またその翌週に毎日投稿をするなど、不規則な投稿頻度ではもったいないので、できるだけ定期的に投稿していきます。また、オリジナルの魅せ方で運用を始めても認知に繋がりにくいため、伸びているモデリング先の動画の構成を99%参考にして作り込みます。

実際に私は、配信開始日から毎日投稿をしました。誰でも必ず取れる約200回の再生数から、たった3投稿目で異常値の1万回以上の再生数になったので、この魅せ方で問題ない、このまま運用を続けて大丈夫だと確信できました。ここで、もし12投稿してみても、数百回程度の視聴で、1万を超える再生数の異常値が出なかった場合は、投稿の魅せ方を変えていたと思います。

フォロワー1万人を目指すには

再生数1万以上の異常値が出てからは、2日に1回など投稿頻度を落としても良いですが、出来る限り毎日投稿をおすすめします。なぜなら、異常値が出ても、1回限りでは効果はないからです。動画の評価が高いものを、出来る限り毎日投稿し続けて、異常値が頻発するのを

待つことが重要です。

　さらに、フォロワー1万人を目指すには、コメントでのコミュニケーションが最も重要となってきます。私は、全てのコメントに必ず返信をしていました。当日投稿を行った後に、前日の投稿に対するコメント返しを行うことで、返信したコメントをユーザーが確認する際に、本日の投稿も目に入るので視聴してもらうことができて、またコメントをいただけるというサイクルができたのです。動画の投稿頻度に加えて、よりコメントをうまく活用するフェーズです。

　私は、3投稿目で異常値が出て、魅せ方に確信を持てたので、そのまま毎日投稿を続けて、35日間で1万フォロワーを達成しました。

コメント誘導テクニック

　動画に対してのリアクションが多いと、よい動画でありコミュニケーションが活発なアカウントとみなされ、さらに拡散されていきます。

　また、コメントを入力している最中にも動画は再生されているので、再生数や視聴完了率が上がります。「コメント欄に書いてね」など、行動換起することで実際に反応してくれる率が高くなります。コメントをもらいやすいテクニックを紹介しますので、ぜひ取り入れてみてください。

■ ❶コメントするワードを指定

　プレゼント希望の方は「プレゼント」ってコメントしてね、など、入力するコメントを指定し、考えなくてもコメントができるように促します。

■ ❷二択誘導

　「はいかいいえで答えてね」「あなたは好き？ 嫌い？」など、二択にしてコメントをしやすくします。

■ ❸コメント量産

「あ」で予測変換がなくなるまでコメントしてね、など1人で複数個のコメントを打つお題を出します。他の人が打った予測変換を見て楽しめるなどの面白さもあります。

■ ❹お題を指定して自由記載

「みんなはどう思う？」「あなたの好きな食べ物を教えてね」など、好きなことを自由記載してもらいます。誰かのコメントにいいねが集まるなど、コミュニケーションのきっかけにもなります。

また、TikTokには面白い文化がいくつかあり、そのひとつに、コメント欄に「いち」「に」「さん」など、自分が何番に見たかコメントを残す文化で、定期的に投稿をしていると自然と盛り上げてくれる視聴ユーザーが現れます。

フォロワーとの交流

コメントを返信するときには、フォロワーとの距離感が縮まるように心がけてみてください。私は友達にLINEするときのように、あえて軽い感じで返信することを意識的にやっています。コメントは、いただいたらすぐに返信することが理想です。

再生数が1万を超えてくると、コメント数も膨大になってしまい、ここでコメントを返さない人が続出します。コメントを返信すると、フォローをしていないユーザーがあなたに親近感を抱いて、フォローをしてくれることも大いに期待できます。全てを返せない場合でもいいねは必ずつけてください。そうすることで、またそのフォロワーがコメントをしやすくなるなど、次につながっていきます。義務感ではなく、自分の発信に反応してくれる方との交流を楽しんでいきましょう。

蝉ダッシュ！ TikTokを理解しようとしないで！

　お世話になった師匠から教えていただいた言葉で、私の人生を変えてくれたのが「蝉ダッシュ」。

　3歳児をみてごらん、蝉を見つけた瞬間にもうダッシュして取りに行ってるでしょう。

　「蝉がほしいけど……走ったら周りの人になんて思われるかな……」「蝉を手で触ったら汚れそうだな」なんてことは考えないですし、どんな意味があるかなんてことを理解せず飛びついているのです。

　私たちは、大人になるにつれて、なぜか「理解してから実践したくなる」病にかかります。私も同じ状態に陥り、理解してからやろうとすると、自分自身の過去の当たり前や常識に縛られてしまい、なかなか行動できなかったり、それなりの結果しか出せませんでした。

　実際に私の周りでTikTok・ショート動画で異常な結果を出している方とお話をしていると「とりあえずやってみたら、なんかうまくいっちゃった」「事前リサーチはしたけど、出してみてやっと分かることの方が多い」と言っています。もちろん、本書でお伝えしていることをそのまま実践したら結果に繋がると思いますが、全てを理解しようとしないで、「なんとなくこうなんだ〜」の状態で実践しながらTikTok運用を進めていただけたら嬉しいです。

　ちなみに、もうすぐ3歳になる息子がいるのですが、本当に尊敬に値する蝉ダッシュ力です。賃貸マンションのリビングの床いっぱいに真っ赤なクレヨンでお絵描きをしてみたり、大雨の朝、水たまりを見つけた瞬間に飛び込んでみたり……。これを「理解不能！」と頭ごなしに叱ることも出来ますが、「ナイストライ」と言える大人でいたいですね（まだまだ未熟者の母は大爆発しましたが……）。

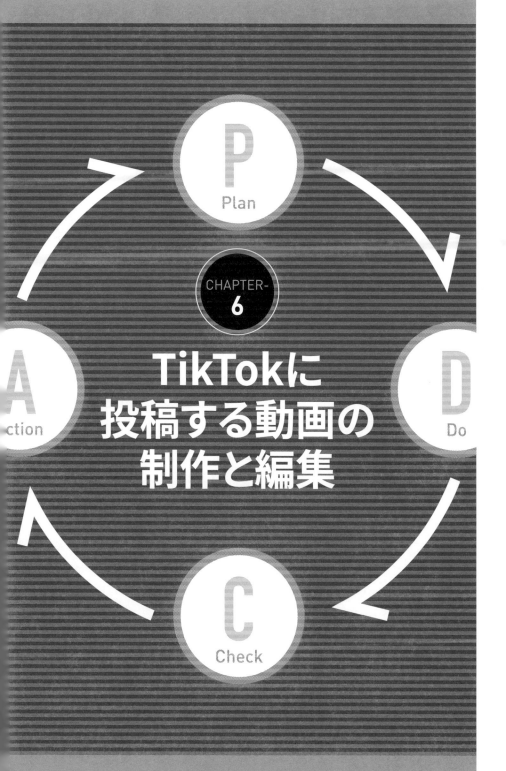

P
Plan

CHAPTER-
6

A
ction

D
Do

TikTokに
投稿する動画の
制作と編集

C
Check

これだけは知っておいて ほしい黄金法則

6

SECTION 01

投稿する動画を制作するうえで一番重要な2つの鉄則について説明します。この2つができれば、動画作りが成功していると言っても過言ではありません。

ショート動画を制する2つの鉄則

　あなたは、「なんか面白くなさそう……」とマンガや小説の導入部分で読むのをやめてしまった経験はないでしょうか。

　ショート動画では、その動画の続きを見るかどうかを判断するのは2秒と言われています。次々に表示される動画に対して、「好き」「嫌い」「面白そう」「つまらなそう」と瞬時に判断されてしまうのです。年齢が下がるほど、判断のスピードが早いといわれています。

　ショート動画を見るシチュエーションは、行列の待ち時間、電車での通学・通勤時間など、ちょっとしたスキマ時間です。自宅リビングのテレビで「何か面白い番組やってるかな〜」としきりにチャンネルを切り替えて、興味があるものが映し出されるとそこでリモコン操作の指が止まります。残念ながら、誰も「みさっきーのショート動画を見たい」と思ってTikTokを開いている人はいません。

　だからこそ、「最初の2秒に全身全霊をかけること」が鉄則です。表示された瞬間に続きが見たくなる、引き込まれるような作りを意識し、最初の2秒でユーザーの指の動作を止めさせてください。

　最初の2秒で指を止めてもらえたら、次に重要なのが「いかに動画を見続けてもらえるか」です。TikTokの分析の指標として「視聴維持率」というもがあり、動画の尺に対してどれくらい視聴されたかという割合です。例えば、1分の動画の対して平均視聴時間が30秒の場合は、視聴維持率は50%となります。最近のアルゴリズムでは、この視

聴維持率がとても重要視されており、より高い視聴維持率の動画が優良な動画であると判断され、拡散されやすくなります。

一度ひきつけたユーザーに、スワイプして飛ばされないように、最後まで飽きさせない動画作りが大切です。

思わず見ちゃう、必殺！ 指止め

最初の2秒でユーザーの興味関心をひきつけるには、どんな風に動画作りを行っていったらよいのでしょうか。具体的な方法を紹介していきます。大きく分けて、3つのポイントがあります。

■ 動画素材

まずは視覚的な第一印象にもなる、動画素材です。ここでの素材とは、人物が登場する動画なら被写体である本人、服装、背景、後ろに置いてある小物などです。

春はチューリップを生けて季節感を出している

観葉植物やディズニーらしい写真や画が飾られている

本人が登場する場合は、内容やジャンルに合った身だしなみ、見られたい印象に合った服装になっているか確認しましょう。ネタの内容や動画の編集に気を取られて見落としてしまっている人もいますが、

身だしなみは、かなり大事です。服装は、自分の好みだけでなく、ターゲットに好まれる服装、世界観に合った服装、サービスを受けた後に得られる未来が想像できるような服装を心がけてください。特に女性向けの発信の場合は、意外と細かいところまで見られているので、気を抜かないでくださいね。

　背景も、なんとなくで選ぶのではなく、目的に合った背景を選んでください。壁紙を、魅せたい雰囲気のものに変えてみたり、観葉植物を置いてみたり、編集で載せる字幕の文字を目立たせたいのなら、白い壁でもよいでしょう。棚などが見えるような画角なら、置いてある小物にも気を配ってください。ビジネス発信の場合は本棚を背景にして、テーマによって棚に置いてある小物を変える、などの遊び心も面白いですね。気づいた人がそれにコメントするなど、コミュニケーション増のきっかけにもなります。

　基本的には毎回の動画で、同じ背景であるほうが「この背景のあの人だ」と覚えられやすくなります。

　室内の撮影なら、部屋の明るさにも注意してください。暗い動画は、それだけでスワイプして飛ばされてしまいます。自然光なら、午前中の撮影が適しています。顔周りを明るくするリングライトを使うのも効果的です。

チェックしてみましょう

- □ 服装は、魅せたい雰囲気に合っていますか？
- □ 照明は、明るい環境で撮影できていますか？
- □ 背景に置いている小物は雰囲気やお話の内容にマッチしていますか？

　また、動画の画質が悪いと潜在的にストレスを与えてしまい、スワイプされて飛ばされてしまうので、スマホ撮影の場合iPhoneなら13以上、Androidなら画質をよくするアプリなどを使うのもありです。

■ 動きを入れる

冒頭の2秒で、テロップやイラストなど必ず動くものを入れてください。理由は、人の視線は、無意識に動くものを追ってしまうからです。テロップやイラストの出し方にアニメーションを加えて、より目を引く工夫をしてみてください。

特によく使われるものは、

- 上下左右の画面外からスライドインする（スライド）
- ズームのようなアニメーション（パン、ズーム）
- 文字が端から現れるアニメーション（ワイプ）
- ゆっくり文字が浮かび上がるように現れる（ディゾルブ）

などがあります。

文字やアニメーションだけでなく、動画の中で人が動いたり、動画自体がズームになる、なども視線をひきつける要素になります。

■ 気になるワードを入れる

動画開始と同時に気になるワードを入れて「思わずみちゃう」動画にしていきましょう。「社長！ 社長！」という呼びかけで始まる動画を目にしたことがある人も多いと思いますが、「社長」の一言で、被写体の人物に権威性が感じられたり、こんな人が社長なんだ、と興味を持たれやすいです。

また、ターゲットが欲しいワードを入れるのも効果的です。副業を目指す人向けなら「収入2倍！」「自由で楽しい」などの言葉は気になりますよね。

「〇〇してない人ヤバい」「実は〇〇って知ってた？」など、答えは言わないけど、答えが気になる投げかけやタイトルをはじめに言うの

も効果的です。音声と文字テロップで、一気に興味関心をひきつけましょう。実際に使えるワード集は、この後の「今すぐできる！台本の書き方」のSECTIONで紹介します。

最後まで見てもらう仕掛け

　最初の2秒で指を止めてもらったら、次は、視聴維持率向上のために、いかに離脱せずに長く見てもらえるかの工夫をします。TikTokでは、視聴完了率（＝最後まで動画を見られた割合）が大事にされていた時期もありましたが、これでは短い動画であればあるほど視聴完了率が上がってしまうことになってしまうため、アルゴリズムが変化してきました。例えば4秒の動画であれば、4秒見られれば視聴完了率は高くなりますが、視聴維持率の場合は4秒では短いためあまり評価されません。現在TikTokでは、30分までの動画を投稿することができますが、例えば10分の動画を作ったとしても、間延びした動画になってしまっていたら途中で飽きてスワイプして、離脱されてしまいます。

　飽きさせないための工夫は、とにかく画面が変化し、展開があることです。3秒以上は同じような映像が続かないようにしてください。具体的なやり方は、

- 動画を切り替えて場面を変える
- フリー素材を挟む
- 写真素材の場合は動かす
- 字幕テロップの色を変える
- フォントを変える（大きさ、種類）
- イラストを入れる
- アニメーションを複数使う
- 効果音を入れる

などです。

その他にも、声のトーンで変化を持たせることができます。淡々と話していては飽きられてしまうので、「でも待って！！」「やばい」など、感情的なトーンや身振りを使って場面を切り替えるのもひとつのテクニックです。

次の6秒に5W1Hを入れる

冒頭2秒のあとに、視聴をし続けてもらうため次の6秒間に入れるべき情報があります。それは「5W1H」を使って、動画のダイジェストを伝えることです。

WHO　　：誰に、どんな視聴者に
WHAT　：なにを
WHY　　：なぜ
WHEN　：いつ
WHERE：どこで、どんな状況で
HOW　　：どうやって

まず、誰の（WHO）どんな悩みに役に立つ情報なのか（WHAT）、それはなぜ（WHY）で、いつ（WHEN）、どこで（WHERE）見ているユーザーに、どうやって（HOW）解決しますよ、という動画の内容のお品書きのようなものを伝えて、期待感を作ります。5W1Hの全てを入れる必要はありませんが、できるだけ多く入れると具体性が増し、興味関心を引きやすくなります。

例えば、夫婦関係に悩む女性に向けた内容の場合は「夫が不倫して関係を再構築したいけど、何でうまくいかないんだろう……と悩んで

早2年。1日1回あることをしただけで夫婦関係よくなりました！」

夫婦関係に悩む女性に対して、解決策がありそうな雰囲気を伝えて、興味関心をひきつけています。そのものズバリの答えはまだ言わないけれど、最後まで見たらこんなメリットがありそう、と想像できる情報をチラ見せして伝えます。それによって、スワイプの指を止めて、続きを視聴したいと思ってもらうことができます。

コメント増で動画の評価と再生数アップ

動画の終わりに、コメントを促すひと言を入れて、動画の評価や再生数アップを狙いましょう。動画に対するいいねやコメントなど、何かしらの反応があるということは、ユーザーとのコミュニケーションが活発だとみなされて動画の評価があがります。

たとえコメント内容がアンチコメントでも、動画の評価は上がって拡散されやすくなるということが起きます。だからと言って、炎上を狙うような動画は、ビジネスで活用していく場合は避けたほうがよいですが、賛否を起こす内容にするのも一つのやり方です。

例えば「女性は絶対に家事をしないでください」などとあえて賛否の声が上がりそうなネタを入れることで、様々な考えを持った人がコメントしてくれるケースもあります。

気軽にコメントできるような誘導としては、動画の最後に「どう思う？」「何が好き？」などと投げかけてみたり、CHAPTER-5のSECTION05で紹介した「コメント誘導テクニック」も活用してみてください。

6

ビジネスジャンルに
合った投稿ネタを探そう

SECTION
02

あなたのジャンルに合った動画は、どんな内容のもので
しょうか？　TikTokで好まれるネタをリサーチして、あ
なたのコンテンツにしていきましょう。

投稿完了までの8つのステップ

1つの動画を投稿するまでには、次の8つのステップがあります。

❶ ネタを決める

❷ 台本を書く

❸ 撮影または声を収録する

❹ 動画編集をする

❺ 音源を決める

❻ キャプションを書く

❼ 動画の中からサムネイルになる画像を決める

❽ ハッシュタグを決める

動画制作のまず最初のステップである「ネタを決める」について紹介していきます。

投稿ネタは、日頃からストックしておくことをおすすめします。CHAPTER-5でも使用したスケジュール管理表に、ネタのストックも合わせて溜めていけば、毎回の動画作りの際にネタ決めにかかる時間を短縮することができます。

自分で決めた投稿頻度に合わせて先に1か月分をストックしておいてもいいし、その週の投稿ネタを週初めに決めておくのでもいいし、

いいと思ったネタを見つけたらその都度管理表に溜めていってもいいので、自分に合ったやり方を見つけてみましょう。

その日に思いついたことを投稿していくスタイルももちろんありですが、いざ動画を作ろうとした時に「ネタどうしよう……」とスケジュールを立てていた日に投稿できなくなってしまうようなら、少しでもストックがあると悩まずにすみ、楽になるかと思います。

毎日のニュースや時事ネタから探す

最近あった社会的な出来事やニュースに絡めると、興味や関心を引きやすいネタになります。ただし、「社会にモノ申す」系の路線でない限りは、ニュースについての見解を述べたりするのではなく、自分の商品やサービスにうまく結びつけられるように使いましょう。

私の場合は、テレビでディズニー作品の放送がされた時は、SNSでもトレンドのキーワードになるなど世間の関心が高まるので、その映画や登場するキャラクターの内容に差し替えたりしています。

X（旧Twitter）やInstagramなどの場合は、ターゲットがよく見る時間帯に投稿したほうが、投稿が拡散されやすく、よく見られるということがありますが、TikTokの場合は、数時間単位の違いはあまり関係がありません。

なぜなら、TikTokはアプリを開いた時点でその人におすすめされる動画が数十本選出されていて、順番待ちで再生待機しているような状態だからです。どのような動画がおすすめに選ばれるかは、新着順ではなくて、動画の評価によって決まっています。

なので、投稿ネタを探すときも、数時間単位のタイムリー性よりも、より多くの人が関心を寄せているようなものから選んでみてください。

発信するジャンルのネット検索から探す

　自分のジャンルに関連する情報を、Google検索やYahoo!知恵袋など
で検索すると、どんな人がどんな事で悩んでいるのか、どんな情報が
求められているのかが分かります。検索して出てくる件数を見れば世
間の関心度が確認できたり、Yahoo!知恵袋での具体的な相談を見れ
ば、リアルな悩みを知ることができます。

　例えば、同じ「女性　起業」で調べてみても、届け出や書類手続き
の内容に興味を持っている人がいたり、「自分のサービスに自信を持つ
には？」とマインド面の内容に興味を持っている人がいたりと、色々
な角度から参考にすることができます。

経験談や過去の悩みから探す

　自分自身の経験談や、過去に悩んでいたことは、一番共感を得やす
いネタでもあります。その経験談や過去の悩みが、実は誰かの現在の
悩みであることもあるので、そんな人に届けば一気に親近感を感じて
もらえたり、共感・ファン化に繋がります。

　自分の過去を振り返ることで、新たな視点や気づきが得られる可能
性もあります。

　CHAPTER-5のSECTION 02のターゲット設定の時に挙げた30〜50個
の過去の自分の悩みやターゲットが抱える悩みも、動画のネタとして
大いに活用してください。

過去のライブやセミナーから探す

　過去に自分が行ったライブ配信やセミナーなどがあれば、そこにネ
タがある可能性もあります。改めて振り返ってみると、意外と自分で
話したことを忘れていたりするものです。その時に反応がよかった内

容があれば、新しい情報を付け加えるなどして活用することができます。実際に、私がやっているショート動画の運用代行・プロデュースでは、必ずクライアントさんのライブやセミナーデータをいただきチェックをしています。

　また、普段は商品を買った人にしか伝えていない情報を「有料級」として一部公開して、お得感を感じてもらえるネタにするのも有効です。

モデリング先からテーマをもらってくる

　モデリング先で使われているテーマをそのまま活用しましょう。再生数が伸びているテーマを、そのまま使うやり方が、伸びる動画づくりの一番の近道になります。CHAPTER-5のSECTION 03でリストアップしたモデリング先から自分でも使えそうなテーマの動画をピックアップしてみましょう。

　内容や使っている言葉までそのまま同じにするよりも、表現を変えたり、中身の具体例をあなたのケースに置き換えたり、数字を変えるなどして、自分だけの要素を足していきましょう。

今すぐ真似できる！台本の書き方

SECTION 03

投稿ネタが決まったら、次は動画の台本を決めていきましょう。台本についても、様々な「型」を使って伸びる動画を作っていきましょう。

意外と大事なショート動画の台本

　動画を見ている人には、あまり意識されていないかもしれませんが、見られる動画を作るには、台本が必要です。台本とは、本人が語っている動画や背景の動画にナレーションを入れるタイプの場合は話す言葉、文字のみの場合は表示する字幕に書かれている文章のことです。

　テーマだけを決めていても、どう話すかを決めていなければ、いざカメラの前で話すとなったときに、「あー」「えー」と間延びしてしまって、伝えたい部分が伝わりにくくなってしまいます。ダラダラと話した動画素材は、編集するのにも時間と手間がかかってしまいます。

　冒頭2秒でどう惹きつけるか、その後どんな展開で視聴維持率を上げていくのかなど、構想を台本として具体的なシナリオ文章を作った状態で撮影に入りましょう。

モデリングを参考に台本の型を作る方法

　モデリング先の動画を数本分析してみると、話しの流れの大まかな共通点が見えてくると思います。それが、あなたが狙っているジャンルの伸びる動画の型ということになります。

　まずは、モデリング先の動画を文字起こししてみてください。文字起こしは、耳で聞いて文章化しても良いですが、便利な文字起こしツールもありますので、必要に応じて効率的に作業を進めてください。

無料から使える文字起こしツールを3つ紹介します。各ツールは無料版のほか有料版があり、プランによって利用制限がありますので内容を確認して試してみてください。

■ Notta（ノッタ）

　動画や音声データ、リアルタイムの音声も文字起こしが可能で数多くの言語にも対応しています。無料版は、1ファイルあたり5分間、月に合計120分間まで文字起こしができます。メールアドレス登録、GoogleやMicrosoft、Appleのアカウントでも利用できます。

■ Rimo Voice（リモボイス）

　動画や音声データやリアルタイムに録音した音声を文字起こしできるツールです。無料版は合計60分間までの文字起こしに対応しています。メールアドレス登録、GoogleやMicrosoft、Facebookのアカウントでも利用できます。

■ 文字起こしさん

　動画や音声データを文字起こしできるツールです。また、画像データなどに含まれる文字のテキストデータ化にも対応しています。無料で利用できるプランは、会員登録不要で毎月1分までの文字起こしができる「フリー」と、会員登録で毎日10分まで文字起こしができる「ライト」の2種類があります。

　文字起こしが終わったら、その台本を、分解していきます。例えば、冒頭にどんな投げかけをしているか、テーマの内容にどのように話題転換して入っていくか、どのようにテーマと共感を持たせているか、結論はどのように伝えているか、どのように動画を終わらせているか、などです。いくつかの動画を分解してうまくいっている動画の共通点を見つけてみてください。

台本の型　パターン集

　人気の動画には、ユーザーに好まれやすい台本構成の「型（パターン）」があります。見始めたらどんどんひきこまれ、つい見入ってしまうような起承転結がある台本の型を3つ紹介します。

台本の型　その1

❶ お客様の理想「こうなったらいいと思いますよね？」

❷ お客様の現実・悩み「でも現実はこうですよね」

❸ お客様が持っている疑問「じゃあ実際どうやったらいいんだろうって思うよね？」

❹ 結論「その答えを教えます」

台本の型　その2

❶ 疑問を持たせる「○○がすごい」「○○がヤバい」

❷ 意外性や感心を持たせる「実はこれって……なんです」

❸ 結論「なんでかというと、○○」

❹ ファン化、親近感要素「ちなみにわたしはこんな風でした」

台本の型　その3

❶ わたしも該当するかも？ と興味をそそる「まだ○○してない人」「○○な人」

❷ 予告・保存を促す「逃したくない人は」「二度と出てこないから保存しておいて」

❸ 結論　「○○ができる」「○○って結果になる」

❹ 痛みの事例「○○やっておけばよかった」「○○を知らなかった」

❺ 解決策・締め「この方法で解決できる」「実際にやってみよう」

使える！ 冒頭2秒で惹き込むフレーズ集

「冒頭2秒で惹き込む」ためのフレーズをご紹介します。これが使いこなせれば、まずは指止め成功間違いなしです。

■ ❶意外性で惹く

もともと誰もが「常識」とか「当たり前」と思っていることに逆説や異論をぶつけます。「え!?」という驚きがあるのがポイントです。

- 納豆のたれ使っている人は危険（多くは、納豆に付属しているたれを使う）
- ダイエットしたいなら運動するな
- 起業するなら資金ゼロのが良い理由
- スキルがない方がお金を稼げる
- 100万円稼ぐの超簡単
- 仕事ができない人は起業したほうがいい
- 頑張らない人が成功できる
- 真面目な人より馬鹿な人が成功する
- 仕事にやる気やモチベーションは必要ない

■ ❷ネガティブで惹く

「何かを得たい」より、何かを「回避したい」という人間の心理をついた引き込みフレーズです。

- 信頼できない人の特徴3選
- 〇〇食べると病気になります
- 実は子供を不幸にしている親の特徴3選
- 危険、運動しても痩せない人の特徴3選

- 好きな人から急に連絡が来なくなる前兆
- 危険！　集客できない人の共通点とは？
- 10年後に仕事がなくなってる職業

❸感情で惹く

潜在的に得たいと思っている感情を動かすフレーズです。「嘘でしょ？」と手を止めてもらうのがコツ。

- スマホのロック画面を〇〇に変えるだけで運気が上がります
- 2万円の整体より100倍効果があります
- たった3000円でネットに自動販売機を作る方法
- いきなりお金が降ってくる魔法の習慣
- これ飲むだけで痩せる、ダイエット中の「魔法の飲み物」
- たった1分で英語の発音をネイティブにする方法
- 気になる子を100発100中で落とす裏技
- これさえやれば絶対に痩せるストレッチ3選

❹問いかけで惹く

ターゲットの関心事について、直接問いかけるような言葉で振り向かせるフレーズです。

- 子供が2人いるなら年収はいくら必要だと思う？
- 今まで何回ダイエットで挫折してきました？
- いい化粧品を使ってもシワが消えないのってなんでだと思う？
- 今から質問することに答えるだけで将来お金持ちになるかがわかります
- 日本人が英語が喋れない理由ってなんでだと思います？

❺なぞなぞで惹く

答えの部分を「〇〇」と伏せて、知りたい欲求をかき立てます。

- 嫁が使っている〇〇の謎
- たった〇〇円で〇〇
- 〇割の人が知らない〇〇
- 絶対にやってはいけない〇〇
- バカでもできる〇〇
- 〇〇で成功したい人以外見ないでください
- 〇〇になりたいなら頑張っちゃいけない
- 〇〇で売り上げを〇倍にする裏技
- 〇〇の秘密暴露します
- 〇〇はまじで簡単
- 「〇〇（愚痴）」ってまだ言ってるの？
- 〇〇になりたくなかったらコレ絶対やっちゃダメ
- 〇〇の人の特徴をお話しします
- 本当に思ってる？
- 衝撃です〇〇ガチったら〇〇しました

❻これこれで惹く

❺の「なぞなぞで惹く」と似ていますが「〇〇」よりも言い切り口調の印象になります。

- これさえやっておけば転職で迷うことはなくなります
- これをやっちゃうと、やばいです
- これ以上人生が良くなることってないんですよね
- これができないと一生時間労働の鬼社畜です

- これやっちゃう人って、大体モラハラ夫を捕まえるんですよね
- この条件にあてはまってる会社って、大体ブラック企業ですね
- これがわかれば、すぐに持ち帰りできます
- とりあえずこれやってというもの紹介します
- コレを知ったら、〇〇間違いなし！

■ ❼呼びかけで惹く

「私のこと？」と思わせるような呼びかけで、思わず振り向いてしまうようなフレーズです。

- 〇〇の人集合
- 〇〇の人絶対見て
- 〇〇の人必見
- 〇〇の人探しています
- 〇〇のお悩みの皆さん
- そこのあなた
- 〇〇って知ってる？
- 結論〇〇です
- ちょっと待って
- お願いします
- 申し訳ありません
- 批判覚悟で言います
- 〇〇しなきゃ損！

ただし「〇〇って知ってる？」「〇〇しなきゃ損」などは、冒頭で商品名やサービス名は出さずに使ってください。

■ ❽やってみたで惹く

実際にやってみた経験や感想から、興味を引くフレーズです。実際にやってみた写真などと一緒に使いましょう。

- ○○やってみた、これすごすぎ
- ○○使ってみた
- ○○やってみた、結果がやばい
- ○○5分頑張ってみた

■ ❾新たな提案で惹く

意外性と似ていますが、「最新の情報を知ってる人なの？（私って古い？）」と新規性を匂わせるフレーズです。

- ○○の時代は終わりました
- これ古いよ〜
- ○○終了のお知らせ

Chat GPTで台本作成する

テキスト生成AIのChatGPTを台本制作に活用するのも有効ですが、生成された台本をそのまま使用するのは注意が必要です。おすすめの使い方は、ゼロベースの段階でChatGPTを活用するやり方です。例えば、無添加食品の発信をしている方であれば、「30代の女性が日常生活の中で悩んでいる、困っている、不安に思っていることを口語調で30個教えて」などど入力し、生成された文章を使って、自分の経験などを織り交ぜながら台本の型に当てはめてみてください。あくまで台本に入れるエピソードのヒントをもらうような活用の仕方がよいです。

撮影のテクニックと注意点

6

SECTION
04

台本まで固まったら、いざ撮影に入りましょう。撮影の際にあった方が便利なツールや、撮影で気を付けたほうがよい点などについてお伝えします。

カメラ目線の撮影方法

　カメラ目線で人物が語るようなタイプの動画の場合は、人物の目の高さとカメラの高さが同じになるように機材を設置して撮影します。また、台本を読むために、目がカメラ目線から離れてしまうのを防止するために、カメラから目線を外さずに台本を読むことができる「プロンプター」を使用します。プロンプターは、いわゆる「カンニングペーパー」のようなものです。プロンプターには、専用機器の他に、パソコンやスマートフォンにインストールできるアプリなどのタイプがありますが、おすすめは無料で手軽に利用できるスマホ用のアプリ「Teleprompter」です。

Teleprompter

iPhone

Android

　または、動画の編集の際に余白をカットする工程を活かして、息継ぎの区切り毎に撮影する方法もあります。台本の2〜3行を覚えて撮る、そのまま動画は録画し続けたまま、しゃべらずに無音の状態で2〜3行を覚えて、声に出して撮影するを繰り返し、撮影がうまくいっ

ている部分だけを残して、台本暗記をして話していない無音部分を動画編集時にカットして繋げていくことで目線を維持することができます。慣れるまでコツがいります。

　テンポ感を出すために、ひと続きで撮った動画を編集でカットして繋げていく方法もありますので、はじめから1行ずつコマ切れで撮影しても大丈夫です。目線を維持したままでしゃべっているように見えるように、あなたがやりやすい方法を見つけましょう。

カメラ目線で視聴ユーザーに直接、語りかけているような撮影

目線を外に置く撮影方法

　カメラとは違うところに目線をおいて、誰かに話しかけているように撮ったり、相談者に対して対面で話しているようなシチュエーションで撮ったり、カフェなどで自然に喋っているような演出で撮ったりと、様々なパターンがあります。その場合は、視線の先に実際に誰かがいるかのような話し方を意識する、または、実際に誰かに視線の先に居てもらって撮影ができると、よりリアル感が出ます。

　また、場面を3秒程度でどんどん切り替えて行くような構成の動画

を作っていく場合は、普段の何気ない瞬間も、動画で撮ってストックしておくのもおすすめです。歩いている風景、人と談笑している風景、真剣に仕事に打ち込む風景、セミナーの風景、思わず笑ってしまった瞬間、呼びかけられて振り向いた瞬間など、日常を覗いているような動画を作ることができ、親近感を持たれやすくなります。

目線をカメラから外し、他の人に語りかけているのを横から見ているような撮影

音声の撮影方法

　ナレーションで進む動画にする場合にも、音声だけをボイスメモで録音するのではなく、話しながら動画を撮影して編集時にボイス音声だけを抽出して使うようにしましょう。ボイスメモだとMP3形式のファイルで保存されてしまい、動画編集アプリによってはファイルを読み込めない場合があるからです。動画のMP4ファイルで撮影しておくと編集時に使い勝手が良いです。

　また、家の中など静かな場所ならスマホカメラの音声で問題ありませんが、料理系やASMRや、野外での撮影の場合は別途、高性能マイクが必要になります。

被写体の配置決め

　動画編集後の仕上がりをイメージして、文字を入れる余白をあけておいたり、TikTokアプリの右側に表示される縦に並んだサイドボタンの位置に注意してカメラの画角を決定しましょう。被写体だけではなく、後ろに映り込んでしまう背景も計算して、カメラの高さを調節したり、立つまたは座るなどして見え方を確認しましょう。

　スマホを手持ちして撮影すると、映像がブレてしまって画質が悪いので、カメラスタンドやスマホスタンドを活用してカメラを固定します。毎回同じ画角で撮れるようにしましょう。

お腹より上を映し、左右上下に余白を持たせて撮影する。

立って撮影する場合の
スタンドと立ち位置の
イメージ。

フィルター

　ビジネス活用の場合、動画編集の際にあまり派手なフィルターを使うことはないかもしれませんが、肌を綺麗に魅せるフィルターや、色味を調整するフィルターなどは、効果的に使うと動画自体のクオリティがアップします。女性向けの商品や、美容系のサービスの場合は特に、肌を綺麗に魅せることで好感を持たれやすくなります。

今すぐ真似できる！動画編集

6

SECTION 05

動画編集にも、気を付けるべきポイントが沢山あります
が、ここを押さえれば間違いない、という点についてお
伝えしていきます。

初心者にも扱いやすい動画編集ソフト

　TikTokは、アプリ内で撮影や編集まで完結することができますが、
アプリ内で編集した動画は最後にウォーターマークと呼ばれる透かし
のTikTokのロゴが入ります。作成したショート動画を別のSNSなどで
も活用したい場合は、TikTokアプリではなく、別の動画編集アプリを
使うのがおすすめです。TikTokアプリだと細かいエフェクトができな
い場合もあります。

　数ある動画編集ソフトの中から一部紹介します。

■ CapCut（キャップカット）

　一番使いやすくておすすめのソフトです。パソコン、スマートフォ
ンどちらでも操作が可能です。エフェクト機能が充実していて、テン
プレートやフィルターを使いながら動画を編集でき、簡単にクオリテ
ィの高い動画に仕上げることができます。操作も直感的でシンプルな
ので初めて動画編集アプリを使う人にも最適です。ただし、30分以上
だとアプリが重くなりがちなので、ショート動画に向いています。テ
レプロンプター機能があります。使用する素材に著作権の問題がある
ので、実際に投稿を公開する前に確認を行ってください。

■ Vrew（ブリュー）

　AIを活用した動画編集ソフトです。AIの音声認識で自動で字幕を付

けられるので、ショート動画だけでなく、中〜長尺の動画の作成にも使えます。著作権侵害のない動画素材がたくさん用意されているので簡単にオシャレなショート動画がつくれます。

■ PowerDirector（パワーディレクター）

スマホアプリでありながら、PC並みの編集作業ができるアプリです。4K解像度の編集や、逆再生などの演出もできるので、映像の質にこだわりたい人に向いています。AI機能など充実しているので、オリジナリティのある動画づくりに最適です。

■ VITA（ヴィータ）

初心者からプロにまで使われているアプリです。簡単な操作でクオリティの高い動画を作ることができます。豊富なテンプレートの中から好きなものを選択して、短時間でショート動画を作りたい方におすすめです。フォントの種類も豊富なので、他との差別化を図りたい人にも最適です。

モデリングを参考に編集の型を作る

CHAPTER-5のSECTION 03で調査したモデリング先や競合をもとに、動画の編集方法もモデリングして構成をつくります。編集をモデリングする動画が決まったら、サンプル制作に入りましょう。

字幕の文字色・背景色、文字サイズ、フォント、アニメーションの動かし方、画面の切り替えのタイミングなど、なんとなくで決めずに、伸びている動画の編集方法をそのまま踏襲していきます。

まず1本目を作って、その後は同じ編集方法で動画をどんどん量産していきます。その動画がよかったかどうかは1本や5本程度で判断せず、しっかりとモデリング調査して作った動画は、15本までは同じ台本校正とデザインで編集を仕上げてください。15本までは、とにかく

投稿をしてアカウントのコンテンツ量を増やし、認知されることを目指しましょう。

文字入れのコツ

　字幕を入れる際は、文字が端で切れたり、見せたい映像を隠してしまったりしないように注意しましょう。編集時の制作画面では、綺麗に収まっていても、動画が完成し書き出しをすると寄ってしまうため、左右上下ぎりぎりに文字を入れてしまうと、切れてしまいます。余白をもたせるようにしましょう。

　また、投稿時にいいね・コメント・保存のアイコンと被らないように、右下の部分には文字を入れないようにしてください。ショート動画の場合は、一般的なスマホで見やすい字幕の大きさは使用するフォントにもよりますが、CapCutアプリの場合はサイズ13〜18がおすすめで、最大2行までならストレス無く読むことができると言われています。ご自身のスマホで見てみて、自分がストレスなく読めるかどうかで判断してください。

　ベースの文字フォントが決まったら、強調する部分などに変化をつけましょう。目立たせようとしてただただ派手なデザインになってしまわないよう、使用する色は3色までにしてください。

投稿時にいいね・コメント・保存のアイコンと被らない位置に文字を入れます。

音に関するコツ

　動画のポイントや要点になる部分には、効果音を入れることで耳からの注意をひくことができます。「シャキーン！」「キラーン」「ガーン」など、動きのある部分にはポップな効果音を挿入すると楽しい雰囲気が強調され、より一層の没入感を与えることができます。音声素材は、編集ソフトに標準装備されているほか、自身でダウンロードして使うこともできます。但し、効果音は著作権が適用されるため、使用する際には、ご注意ください。

　編集の際、音量にも注意が必要です。せっかく頑張って編集した動画でも、流れてきたときに音量が小さかったり聞こえなかったりすると、その瞬間にスワイプされて見なかったことにされてしまいます。編集アプリから動画を書き出しする際には音源の音量を最大にしておき、TikTokでアップロードするタイミングで聞きやすい音量に調整するとよいです。

　なお、ショート動画のBGMはTikTokアプリにアップロードするときに選択します。編集した動画には音声と効果音のみをつけておき、BGMがない状態でスマホに出力しましょう。

161

TikTokならではの投稿方法

6

SECTION
06

さて、いよいよ動画の投稿を行ってきましょう。投稿の際に設定する、楽曲、キャプション、サムネイル、ハッシュタグそれぞれについて解説します。

投稿公開の流れ

　TikTokアプリで画面の下段中央の「＋」マークをタップし、作成した動画をアップロードしていきます。動画のBGMを選び、動画の長さの調節が必要であれば調節します。編集した動画をアップロードして投稿する際は、動画の長さ調節は必要ありません。次に、キャプションの入力画面に動画の説明やメッセージなどを入力します。その下に「＃」で始まるハッシュタグを入力します。最後に投稿ページの動画サムネイルで「カバーを選択」をタップして、動画の中からサムネイルにするシーンを選択したら、投稿ボタンを押して投稿完了です。

01

「＋」マークをタップ。

02

動画をアップロードするか、撮影をする。楽曲も選べます。

03

動画が選択できたら右の項目から編集したいもの選びます。

04

「音量」をタップし動画
素材の音量と、楽曲の
音量も調整できます。

05

「#」入力やキャプショ
ンを設定します。

楽曲（BGM）を決める

TikTokでは、音楽自体にも人気の音楽や急上昇トレンドがあります。音声や内容に集中してほしい場合は、日本語以外の歌詞がついている曲を選んだり、「instrumental」で検索して歌詞のない曲を選びましょう。楽曲の選び方として次の3パターンで考えてみてください。

■ 人気の音楽を選ぶ

人気の音楽を使って流行に乗るのもひとつの方法です。プレイリストの「Buzz Tracker」や「Viral50」にあるものから選ぶと良いです。

■ 同じ音楽を毎回使う

自分のジャンルの雰囲気に合う音楽を毎回使用し、音楽でイメージを印象付けることもできます。音楽タイトルの右にあるブックマークを付けておくと「セーブ済み」タグに表示されるようになり、再選択が楽になります。

■ 投稿内容ごとに音楽を変える

動画のテーマ毎に、伝えている内容が引き立つような音楽を選んでもよいです。

キャプション

TikTokでは、キャプションにあまり長く文字を入れるのはおすすめしません。なぜなら、ほとんど読まれないからです。表示される1行目にのみ、気軽なメッセージや、コメントに誘導する文言を書いてください。

長い文章を読んでほしい場合は、コメントの1番目に自分でコメントした上で、動画内でコメント欄を見るように誘導するとよいです。

サムネイル

　動画の中からサムネイルになる画像を決めていきましょう。選ぶポイントは、（1）冒頭2秒の惹きつけになる部分（2）結論ではなくて、中身が気になるところ（3）目をつぶったり変な顔になっていない（4）手の動きなどがある、です。このようなシーンを選択して、どんな内容なんだろう？　と気になっちゃう瞬間をサムネイルに選びましょう。

ハッシュタグ

　最近ではTikTokではハッシュタグの検索需要はあまりないので、沢山つける必要はありません。検索用というよりも、オリジナルハッシュタグを作って毎回設置しておくことで、バズったときに関連で見てもらえて、再生数が伸びるようになります。

　自分のジャンルやその動画に関する大きなキーワード（例えば、ディズニー、ピクサー、映画など）を3つと、自分のオリジナルタグ（例えば、みさっきーの部屋など）1つを目安に設定してみてください。

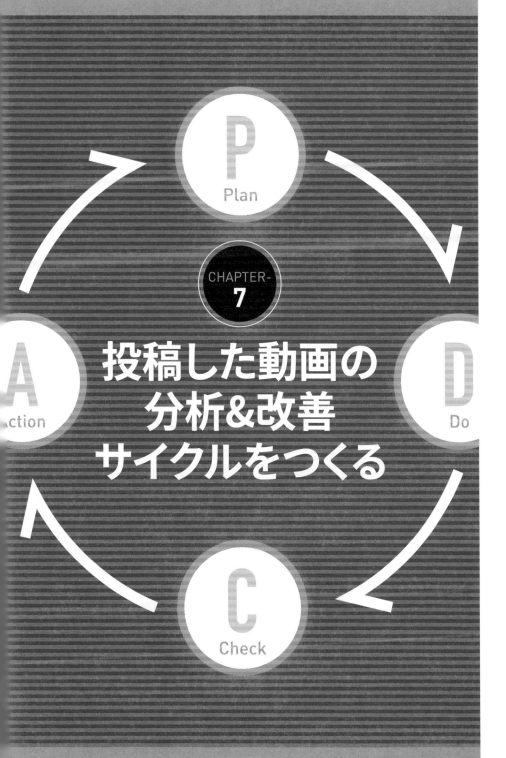

CHAPTER-7

投稿した動画の
分析&改善
サイクルをつくる

7 投稿した後に 分析をしよう

動画の投稿をはじめたら、その動画がどれくらい見られたか？　どのように反応されたのか？　を確認して分析していきましょう。

インサイトとは

インサイト機能とは、自分の投稿した動画やフォロワーに関する数値をTikTok上で分析できる機能のことです。アクセス解析のように、動画自体の再生数や、どれくらいの長さで動画が視聴されたかなど詳しい情報を見ることができます。

投稿した動画に対する視聴ユーザーの動きを数字から見ていくことで、どのような動画が好まれるのか、どのような内容であれば反応がいいのかなどを知ることができるので、その後の動画づくりに役立てることができます。

インサイト機能を使うには、クリエイターツールから「インサイト」の設定をオンにする必要があります。

プロフィール画面右上の三本線マークをタップし「クリエイターツール」をタップします。「インサイト」をタップし、インサイト画面下にある「オンにする」をタップをすれば完了です。

なお、インサイトの利用には全体公開された動画が必要です。限定公開の動画のみアップロードされている場合は、インサイトを利用することができず「オンにする」の設定もできませんので注意してください。

01

「始める」をタップします。

02

「オンにする」をタップします。

インサイトの特徴

　全体のフォロワー数や再生回数だけでなく、時間帯や曜日、各投稿によって、動画がどのタイミングで閲覧されているかなど、細かい動向を分析することができます。その他にも、いいね総数や時間経過ご

とにフォロワー数がどのように変化したかなども見ることができます。TikTokインサイトのデータは60日前まで遡ることができますが、それより前のデータは消えてしまいます。分析を長期的に行う場合は、Excelやスプレッドシートなどにまとめて取っておくことが大切です。

　ビジネス活用の場合は、インサイトの分析・活用は必須になってきますので、スマホアプリではなく、インサイトの管理をブラウザで行うことをおすすめします。アプリではデータをダウンロードすることができませんが、ブラウザ版のTikTokであれば、インサイトのデータをXLSX形式やCSVでダウンロードすることができます。ダウンロードしたデータをスプレッドシートなどに分析結果をまとめて保存しておけばいつでも見返したり、中長期で変化を追っていくことができます。本書購入特典のワークシートを活用していきましょう。

アルゴリズムとインサイト

　インサイトを分析する前に、TikTokのアルゴリズムについて理解しておく必要があります。TikTokは独自のアルゴリズムで評価された動画が、おすすめとしてユーザーのタイムラインに次々表示されていきます。多くのユーザーに反応を得られた動画が、良い動画であると評価され、そこからまた拡散に繋がっていきます。つまり、このアルゴリズムと呼ばれる評価基準を満たしている動画が、伸びやすい動画となり、フォロワー獲得にも繋がっていきます。

　そして、その動画がどのように伸びたかの情報が集計されて、アルゴリズムで重要とされている指標ごとに、グラフや波形などで結果を見ることができる成績表のようなものがインサイトになります。

　アルゴリズムで重要とされている指標は、平均視聴時間、視聴維持率、視聴完了率、いいね数、コメント数、シェア率、保存数、フォロー率などです。これらについて、実際にどのような反応を得ることができたのかについてインサイトで確認していきましょう。

TikTokならではの インサイトの確認方法

実際にインサイトを確認して行くにあたって、その確認方法や、各項目の内容について説明していきます。

インサイトの確認方法

インサイトを確認する手順は次のとおりです。まず、TikTokアプリで、画面下部の「プロフィール」をタップし、画面右上の三本線をタップします。「クリエイターツール」をタップし、確認したい項目をタップします。項目のタブを切り替えることで、必要な情報を確認できます。

インサイトの確認方法

01

「プロフィール」をタップし画面右上の三本線をタップします。

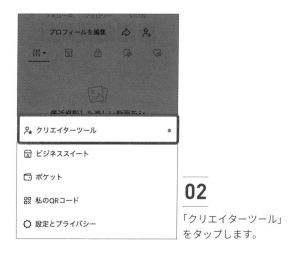

02

「クリエイターツール」
をタップします。

03

インサイト「すべて見
る」をタップします。

　または、動画単体でもインサイトを見ることができます。マイペー
ジに戻り、インサイトを確認したい動画を選択し、画面右下にある保
存の下の「…」マークをタップします。メニュー左下にある「インサ
イト」をタップします。

　表示されるのは、インサイト機能をオンにした後に投稿された動画
の分析データのみになります。

01

みさっきーのインサイ
ト画面。

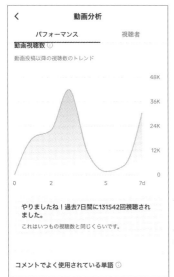

02

何日目にユーザーに多
く見られたかが分かり
ます。

1

2

3

4

5

6

7

8

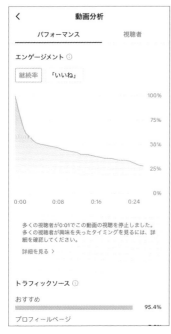

03

動画を何秒間視聴して
離脱したのかが分かり
ます。

04

フォロワーとフォロワ
ー外のリーチ割合が分
かります。

05

視聴したユーザーの性別・年齢・国籍が確認できます。

インサイト分析の項目

　TikTokインサイトの主な指標は、「概要」「コンテンツ」「フォロワー数」「LIVE」の4つのタブを切り替えて見ることができます。

　「概要」タブでは動画の視聴回数、プロフィール表示回数、いいね、コメント数、ユニーク視聴者数、シェアされた数、に加えて再生された日や時間帯が分かります。この項目を見ることで「投稿した動画が何時頃によく見られているか」「どんな動画にいいねやコメントなどのリアクションがつきやすいか」などを確認することができます。

　「コンテンツ」タブでは、各動画の日付・時間帯別の再生回数や人気の動画が分かります。ここを見て、試聴数が伸びた原因やどの投稿時間が良いのかを分析することができるでしょう。

　人気の動画を順番に表示することができ、動画をタップすれば「人気の動画にどんな傾向があるか」「逆に反応が悪い動画の要因は何か」

などを分析していくことができます。

　「フォロワー数」のタブではフォロワーの増減、性別の比率、年齢層、国や地域などが表示されます。どのタイミングでフォロワーが増えたのか、または離れたのかを分析して今後の動画内容を検討しましょう。どんな属性のフォロワーがあなたの動画をよく見てくれるのか、人物像を想定してみるのもよいでしょう。

　「LIVE」タブではLIVE配信を行った場合のデータが見られます。例えば、最大同時視聴者数やLIVE配信によって獲得した新規フォロワー数などです。「どのようなライブ配信をすればよい反応が得られるか」を分析することができます。

　さらに、この4つのタブの中には、次のような分析の項目があります。いずれも、アルゴリズムで重要とされている指標です。

- 平均視聴時間
- 視聴維持率（継続率グラフ）
- 視聴完了率（動画をフル視聴）
- いいね数
- コメント数
- シェア数
- 保存数
- フォロー率（新しいフォロワー）

　これらの項目を分析することで、伸びる動画、人気の高い動画の作りに反映していくことができます。

■ 平均視聴時間

　1つの動画をどれほどの時間の長さで視聴したかの平均です。テレビなどでも使われている一般的な指標なのでイメージが一番つきやすいかと思います。視聴時間は、1分の動画を40秒間視聴されても40秒、3分の動画を40秒間視聴されても40秒です。1本の動画のうち視聴された時間の割合を示す視聴維持率とは異なります。

■ 視聴維持率（継続率グラフ）

　動画全体の長さに対してどれくらい視聴されたかという割合を表します。例えば、1分の動画に対して平均視聴時間が30秒の場合は、視聴維持率は50％となります。視聴維持率の目安としては、60％以上が望ましいといわれています。

　この項目はアルゴリズムで特に重要視されている項目で、いかに離脱せずに長く見てもらえるかが重要です。今までにない指標で、視聴維持率という指標は動画ならではです。ここを攻略するためにどれだけの人が動画に魅力を感じて維持率をとっていけるかがカギとなります。

■ 視聴完了率（動画をフル視聴）

　動画を視聴した人のうち、動画を最後まで視聴してくれた人がどれくらいいるかの割合を表します。以前は、視聴完了率が高いと良い動画であると判断されおすすめに表示されやすいという時代もありましたが、短い時間の動画を載せる人が増え、視聴完了率が簡単に取れるようになってしまいました。3秒や10秒の動画など、みんなが短いものを作るようになってしまい、そうなると、TikTokがプラットフォームとして求めていたものではなくなってしまったため、今ではここの指標はそれほど評価されなくなりました。視聴完了率の目安としては、30％以上がよいとされています。

■ いいね数

　投稿した動画にいいねが押された数です。「いいね」が多い動画も、ユーザーとのコミュニケーションが取れている動画であると評価され、おすすめに載りやすくなります。

　再生回数に対して10%以上のいいねがあると良いでしょう。

■ コメント数

　投稿した動画にコメントされた数です。「いいね」と同じく、コメント数の多い投稿は多くのユーザーとのコミュニケーションが取れており人気を博していると判断され、おすすめ表示に載りやすくなります。コメントの内容がたとえ批判的なもので溢れていたとしても、内容は関係なく、コメント数としての数が多いほうがよいとされています。

■ シェア数

　投稿した動画がTikTok内や、他のSNSでシェアされた数です。たくさんシェアされるほど、「動画をシェアしてでも誰かにこの動画を見せたい」くらい良い動画であると評価され、おすすめ表示に乗りやすくなります。「これ見て〜」と思わず家族や友人に見せたくなる動画や、「この動画真似してみたい〜」と思ってもらえる動画は、シェア率が高くなりやすいです。

　再生回数に対して0.2〜0.3%のシェア率が取れると、バズる確率も高くなります。

■ 保存数

　投稿した動画が保存された数です。保存数が多いということは「後で見返したくなるほどユーザーにとって価値のある動画である」と判断される指標になります。料理のレシピ動画や、ダイエットのエクササイズ動画、お得情報などの動画は保存率が高い傾向にあります。保

存数の多い動画は、需要のある動画だということになり、おすすめ表示に載りやすくなります。

■ フォロー率（新しいフォロワー）

投稿した動画を見てフォローした人の割合です。フォロー率が高いと「この人の動画がまた見たいと思われるほど良いコンテンツである」と判断され、レコメンドフィードに載りやすくなります。動画の再生数の中でプロフィールを見たユーザーの割合が、1%を超えるよう目指していきましょう。

ただし、勘違いされやすい部分でもありますが、アカウントが何人にフォローされているか、という「フォロワー数」はTikTokのアルゴリズムにおけるレコメンドの載りやすさとは関係ありません。あくまでその動画が評価されるかどうかが大切です。

■ アカウント確認機能

投稿クリエイターが、自身のアカウントの状況を確認しやすくするための機能。クリエイターは、自身のアカウントと直近30件の投稿内容を閲覧することができ、TikTokを問題なく利用できている状態であるかどうかを一目で確認できるようになります。「アカウントの確認」には、コメントやダイレクトメッセージなど特定の機能へのアクセスが違反により制限されているかどうかの情報も含まれます。また、クリエイターは、自身のコンテンツがTikTokのガイドライン違反により削除されたかどうか、またはレコメンドフィードへのアクセスが制限されているかどうかについても確認することができます。

伸びた・伸びない原因を分析しよう

SECTION 03

7

インサイトを分析して、思わしくない項目がある場合、その原因を分析して考えていきましょう。原因が分かれば、改善することができます。

視聴者目線になっていますか？

なにより大切なことは、視聴ユーザーの視点に立つこと。継続してみてくれて飽きない工夫が凝らされているか、投稿前に視聴者目線になっているか、投稿時の抜け漏れがないか、チェック項目をクリアできているか最終チェックしましょう。

- ☐ いいね保存のアイコン部分と字幕の文字が重なっていないか
- ☐ 2秒で思わず指を止めちゃう構成になってるかどうか
- ☐ 字幕のスピードがストレスないか
- ☐ 6秒で動画視聴を維持させるオープニング構成になってるか
- ☐ 決めたターゲットにマッチした色・表現になってるか
- ☐ 投稿の頻度が保てているか
- ☐ コメントしたくなる効果的な誘導が動画内でできているか
- ☐ 最後まで見てもらえる仕掛けや、飽きさせない工夫ができているか
- ☐ 画質が綺麗かどうか

チェック一覧表に記入しよう

投稿した動画の反応を分析していくために、一覧表に落とし込んで

チェックしてみましょう。

　表の形式で数字を並べていくと、項目ごとに平均的か高いか低いかがよくわかります。「この動画は平均視聴時間は少なかったけどその割に保存率が高い」など、他の動画と比較して見てみましょう。

本書購入特典のインサイト分析ワークシート

> 本書の購入特典として、インサイト分析ワークシートをプレゼントしています。10ページよりダウンロードして、リアルタイムなデータを入力し分析していきましょう！

　この節では、実際に私みさっきーがTikTokに投稿したショート動画を例に挙げて、一緒に分析をして行きましょう。

　伸びた方の動画が、「トイ・ストーリーに出てくる主人公アンディの母親と、同作2で思い出映像に出てくる、おもちゃのジェシーの持ち主である女の子エミリーが同一人物なのではないかと言われている！」という内容の動画（A）です。

　それに比べて伸びなかった動画が、「カーズに出てくるキャラクター達の瞳の色は、実は声優さんの瞳の色と同じである！」という内容の動画（B）です。

視聴数の取れた投稿の
インサイト。

視聴数があまりとれな
かった投稿のインサイ
ト。

この二つの動画のインサイトをチェック表に落とし込んでみると、次のようになりました。

視聴維持率を見てみると、（A）は25%、（B）は5%と5倍もの差になっています。（A）は再生回数が137,000回になっているので、この視聴維持率が高い動画ほどおすすめに表示されて見られやすくなる事が表れていると思います。

分析結果

平均視聴時間	視聴維持率	視聴完了率	いいね数	コメント数	シェア率	保存数	フォロー率
13.6秒	25%	32.32%	2032	15	12	165	152
8.7秒	5%	6.43%	157	12	0	9	8

分析に必要なのはリアクション

動画がなぜ伸びたのかを分析するときに、動画自体が見られた結果どうだったのかという評価に必要な指標になるのが「保存数」と「シェア数」です。いいねやコメントなども大切なリアクションの1つですが、「また後で見たい」と思って保存することや、「誰かに共有したい」と思ってシェアされることのほうが、より強い関心が表れているからです。

まず「いかに飽きさせずに指を止めてもらって視聴を維持できるか」によって動画が拡散されていき、拡散された結果の「どれだけ関心を持たれた動画であるか」がその動画自体の評価となって、さらに拡散に繋がっていきます。

（A）と（B）のインサイトの表を見てみても、シェア率は（A）は12件なのに対して（B）は0、保存数は（A）が165件なのに対して（B）は9件という部分にも2つの動画の違いが表れています。

1件シェアされると、シェアした先の人も開いて見てみる可能性が高いので、再生数自体もあがり、評価もまた上がります。

「保存数」と「シェア数」は重要な指標ですので、分析の際は確認し

てみてください。

「保存」「シェア」が多かった動画の中身の解説

　（A）の動画が（B）と比較して「保存数」「シェア数」が多かった事が分かったところで、その要因について見ていきましょう。

　まず第一に、カーズよりトイ・ストーリーの方が、作品を知っている人が多く、作品の認知度の違いという点が考えられます。

　次に考えられる点は「最後まで見たいと思わせられたかどうか」です。

　（A）の冒頭は、「実は、ある人が成長して、アンディのお母さんになったっていう噂があるんだよ！」というひと言から始まっています。作品を見たことがある人なら、話の本筋として描かれていない「裏設定」のような情報には「そうだったの？　誰が？」と思わず反応してしまいますよね。ここで「ある人が」と重要な情報を最初に言ってしまわないのも、続きを見てもらう工夫です。

　これに対して（B）の冒頭は「実は、カーズに登場する瞳の色は、あの人の！」と始まっており、結論の「瞳の色は声優の瞳の色と同じ」という所まで聞いても、日本人には英語版の声優がどんな人なのか馴染みがなく「へえー」で終わってしまいます。

　同じ「へえ」でも、度合いが1か100か、意外性のふり幅によって、反応がそのまま表れます。意外性が高いほど「本当なの？」「知らなかった！」とコメントしたくなったり、シェアして友達に聞いてみたり、保存してあとでネットで検索してみたり、などアクションが生まれます。これがインサイトの「保存数」「シェア数」に表れてくるので、インパクトというのは重要です。

　どちらの動画も、先に結論を言う構成にしていますが、この冒頭のインパクトの違いが、最後まで見たいかどうかに影響しています。「実は○○なんだよ！」と伝えて、「そうなんだ」で終わるのではなく、結

論を聞いてもなお、続きが気になる「なんでそうなるの？」と理由が知りたいと思ってもらえるような構成にできると、スワイプされずに最後まで見てもらう事ができます。

これは、数字にも表れていて、（A）は視聴完了率が30％を超えていますが、（B）は6％です。経験則になりますが、視聴完了率が20％を超えていたら、動画は伸びます。「20％でいいんですか？」と聞かれることもありますが、2秒か、もっと短い秒数でスワイプするか判断がされていく状況で、30秒超の動画を最後まで見てくれる人が20％もいるのはすごいことです。

動画の判断は必ずしも数字だけではない

今回、（B）のカーズの瞳の色の話は、（A）トイ・ストーリーに比べて数字が伸びなかった事例として紹介しましたが、だからと言ってダメな動画だったかというとそうではありません。

キャラクターの瞳の色を声優と同じ色にすることで、声優が声を吹き込む際に、命を吹き込むように観客を感動させるモノづくりの姿勢、そういうところが大好き！と、このことに私自身が共感を持っていて、自分の価値観でもある、という事を伝えられる動画になっています。

バズる、バズらない、とは別の観点で、共感やファン化という意味を果たすことができています。

動画の数字が伸びていないからダメだった、と一概に判断するのではなく、自分の発信ジャンルに関する思いを伝えられるというのも大切な要素です。

とはいえ、（A）と比較すると少ないですが、6,000人の方に見てもらうことができて、自分の価値観を乗せて発信した動画が9件も保存してくれているなんてすごいことだし、ありがたいなと思います。

リアクションを促す

　（A）のトイ・ストーリーの動画には、もうひとつ仕掛けがあります。それは「真相は次回に続く」と、予告しておくことで「続きを見たいからフォローしよう」という気持ちにさせています。他の表現として、「この動画一生出てこないかもしれないので保存しておいてください」「保存して動画を見返せるようにしてください」なども保存というアクションをしてもらえる声かけの表現です。

　これは、CALL TO ACTION（CTA）といって、行動を喚起させるためにWEBマーケティングでよく使われる手法です。WEBサイトなどで「今すぐ資料請求をする」「申込み」などのボタンが設置されているのを見ることが多いと思いますが、人に具体的に行動を起こさせるために誘導しています。この効果は科学的に証明されていて、実際に動画内で取り入れることで保存数やフォロー率アップに繋がっていきます。ショート動画を見ているときは、なんとなく眺めていて思考が止まっている事が多いので、行動を具体的に伝えることで、喚起していきます。

　例えば、実際は情報を持っているとしても、全ての情報を動画に詰め込まず「知っていたらコメントで教えてね」と、動画に対してコメントする動機を残しておく、というやり方もあります。そうすることで「こんな情報知ってます」とか「それは違うと思う」など、コメント欄でコミュニケーションが活発になっていくのです。

　「実際にやってみてどう？」とか「教えてね！」とCTAすると、本当にユーザーはコメントで教えてくれます。でも、あくまでこちらが具体的に行動指示しないとアクションをしてくれないので、もし、CTAを入れていなかったら、コメントする心理的ハードルがぐっと上がってしまい、コメント数が増えないのです。

分析した原因を改善しよう

SECTION
04

分析して伸びた・伸びないなどの原因が分かってきたら、次はそれを今後の動画にどのように反映させて活かしていくのかを考えましょう。

分析結果をもとに次の投稿を改善・制作しよう

　分析をした結果、(B) のカーズの動画をもっと見てもらえるようにするには、次のような点が見えてきました。

❶ 冒頭部分を意外性とインパクトのある内容や構成に書き換える

❷ 結論を先に言う場合でも、結論を聞いて終わりにならない、続きが見たくなるような惹きつける表現にする

❸ フォロー率1%を目指し、0.01秒で離脱するユーザーを減らすためにも、バズりではなくてファン化を目的とした動画構成を検討する

　上記のような改善点を踏まえて、内容を刷新していきましょう。

【改善前の台本】

みんな大好きカーズ、登場するキャラクターの目の色ってみんな違うんだけどなんでか知ってる？

それぞれのキャラクターの声優さんの目の色と一緒！

担当する声優にとっては嬉しいし、声をとる時もキャラクターが自分のように思えて感情が入りやすいよね

キャラクターに命を吹き込んで観客を感動させるピクサーのそういうところが大好き！

ちなみに、世界でカリフォルニアディズニーだけで体験できるカーズの街再現の「カーズランド」が最高すぎる!!
メーターもドッグもみんないる〜レース再現されたアトラクションも!!
海外ディズニー行ってみたい人はコメント欄で教えてね

　この台本を、分析で見つけた❶❷❸の改善点をクリアできるものにして行きます。

　例えば、

- 「カーズの最大の失敗って知ってる？　実は車の目の色が全部違うのって、アニメーターにとってはずごく大変ですよね、でもそれはとても素敵な思いがあるよ」
- 「絵を動かすだけのアニメーションの時代は終わりました。キャラクターを描くだけではなくて、キャラクターに命を吹き込む声優さんの特徴を……」

　このように変更すると、よりインパクトのある冒頭になり、続きが見たい惹きつけができ0.01秒での離脱を防げます。

　さらにフォローを促すためによく使われているのが

- 「これからもこのようなお得情報を発信していくのでフォローしてね」
- 「このアカウントはもう出てこないのでフォローしておいてください」

とフォローを促す一言を入れるのもフォロー率を上げるコツです。

また、その他の改善点として

- 動画の内容と最後にコメントしてもらうためのCTAの内容がリンクしていることも重要なので「目の色の違い」「会社の想い」などでコメント誘導する
- 最後のCTA「海外ディズニー行ってみたい人はコメント欄で教えてね」という喚起も「行きたい」とだけ打つよりも、自由発想で書きたくなるような問いかけをしたり、自分の意見を言いたくなるような問いかけにする
- 視聴維持率をあげるために3秒に1回は画面に動きがある編集になっているかも再度チェックする

なども考えられます。

このように、見られる動画を作る→インサイトの結果を分析する→分析した内容を改善するのサイクルを回していくことで、動画を積み重ねるごとに「自分だけの勝ちパターン」が見つかります。ぜひ、宝探しのような気持ちで、分析・改善にも取り組んでみてくださいね。

フィード表示の仕組みを踏まえた改善

ここまでインサイトの確認、分析、改善についてお伝えしてきましたが、ここでもうひとつ、TikTokのフィード表示の仕組みについての特徴も捉えておきましょう。X（旧Twitter）、Instagram、YouTubeなど、様々なSNSがありますが、フィード表示の仕組みはそれぞれ異なります。その特徴に沿ってコンテンツを改善していくことで、より多くの人に届けられ拡散に繋がっていきます。

例えば、X（旧Twitter）は「フロー型」と呼ばれ、最新の出来事やニュースなどリアルタイム性があるものが注目を集めます。これに対

して、InstagramやYouTubeは「ストック型」として知られており、何度も見返される情報や知識を提供するコンテンツが好まれます。このタイプのプラットフォームは、問題解決や日常に役立つ情報を提供するのにピッタリです。

　TikTokはこれらのSNSとは異なり、「ループ型」と呼ばれています。時間の経過に関係なく過去の投稿も繰り返し表示されます。例えば、3か月前に投稿された動画が表示・拡散されることもあり、「この動画面白い！　でも前も見たような？」ということも起こります。

　TikTokのレコメンドフィードの仕組みのガイドラインとして、16歳未満の投稿クリエイターのアカウントで作成されたコンテンツは、いずれもレコメンドフィードの対象外となります。また、予測スコアが高いものから順番に動画が並べられるランキングが作成され、ランキング上位の動画からレコメンドフィードとして視聴ユーザーに届きます。

「ループ型」フィードで好まれる動画

　フィードの仕組みを踏まえたうえで、何度も表示されるよい動画とはどんなものでしょうか？　この視点を加えることで、TikTokを運用するうえでの欲しい成果に近づきやすくなります。

　TikTokではスキマ時間に気軽に楽しむことができるような、何度見ても新鮮さを保ちつつ、適度に忘れられやすい内容が求められます。古く感じられたり、時代遅れに見えないよう、時間を超えて楽しめる要素を含むことが重要です。

　これまでに紹介してきた、タイトルで興味を引く、冒頭2秒で指を止める、続きがみたくなるような構成、コメントがしやすい誘導、人気の楽曲の選定などに加えて、数か月後に見ても楽しめる内容、という点もヒントにしてみてくださいね。

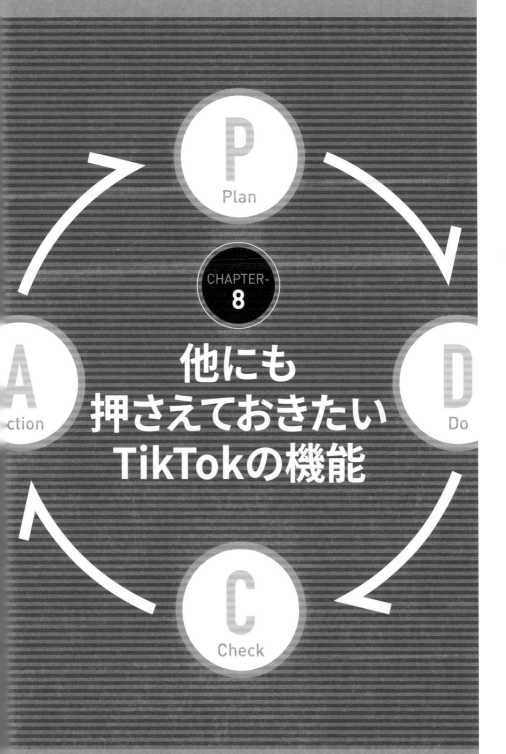

P Plan

CHAPTER-
8

A Action

D Do

他にも
押さえておきたい
TikTokの機能

C Check

実は、TikTokは
ライブが熱い

8

TikTokライブは、他のSNSに比べてもライブがしやすい
様々な機能が備わっているので、はじめての方でもライ
ブ配信にトライしやすくなっています。

配信者に優しいTikTokライブ機能

　TikTokでは、ショート動画の投稿だけでなく、リアルタイムで投稿
クリエーターとユーザーが交流できるライブ配信も盛り上がっている
のを知っていますか？　1日あたりのライブ配信者数は1万人とも言わ
れてます。

　ライブでは、視聴ユーザー側はいつも見ている投稿クリエイターを
より近い距離感で見ることができ、TikTok上でギフトを送る、いわゆ
る投げ銭機能で配信者を応援することもできます。

　TikTokライブが他SNSと大きく異なる特徴として、フォロワー外に
もライブが拡散する点です。一般的なSNSはフォロワーにしかライブ
が届きませんが、TikTokの場合自分のことを全く知らない人のところ
にもライブが届くので、ライブをきっかけにフォロワーを増やすこと
も出来ます。

　配信者は、ライブ配信をすることでフォロワーとの親近感や共感を
生み出すことができ、ギフトを受け取ることで、収益化にも繋がりま
す。

　TikTokライブの配信やギフトの送受信は18歳以上からで、フォロワ
ーが1,000人を超えていたら配信することができます。

　ライブ配信ではコメントのオンオフを切り替えたり、一定時間や特
定の視聴ユーザーからのコメントミュート機能などもあり、選択した
キーワードまたはフレーズが含まれるコメントをブロックすることな

どもできます。また、モデレーターを任命して、チャットで迷惑なメッセージを送信しているユーザーがいれば報告、ミュート、制限、またはブロックするなどのユーザーの管理を依頼することもでき、配信者を守るための機能も充実しています。

基本的にはスマホアプリで使用できる機能ですが、PCでライブ配信したい場合は、LIVE Studio（Windows）またはOBS Studio（Linux、Mac、またはWindows）をダウンロードすれば、ウェブブラウザでも使用ができます。

ライブ開催時間の設定

限定的なイベントとしてライブ配信を行うのもよいですが、ファン化を目指す方には定期配信をおすすめします。決まった曜日、決まった時間に実施することで、ユーザーのライフスタイルに「ライブ視聴」の時間を設けてもらえるからです。「朝起きたら○○さんのライブを聞きながら出勤の準備をする」「○時までにお風呂に入って、20時から○○さんのライブを見る」と、ユーザーの生活に組み込まれて、ライブ視聴を習慣化してもらえます。

内容にもよりますが、配信時間は短すぎず長すぎず、10分〜30分程度がよいでしょう。飽きられるより、毎回「もうちょっと見たかった」で終わる方が次回も参加してもらいやすくなります。

配信する時間帯は、学生や会社員なら19時〜22時頃、主婦向けなら落ち着く時間帯13時ごろなど、自分のジャンルの視聴ユーザーの生活時間帯を意識して見やすい時間帯を設定しましょう。もしくは、あえて競合の少ない朝や深夜にラジオ感覚で聞いてもらうのもよいです。

小さく始めて自分自身も慣れよう

何も知らない人から、「商品はこれです！ 買ってください！」と言

われて「ハイ買います！」となる人はほとんどいませんよね。ある程度その人のことを知っていて、自分が興味を持っている人から「こういう商品があるんだけど購入してみませんか？」と言われたら買ってみようかな、試してみたいなという挑戦する気持ちが生まれるものです。

「自分がライブなんて……」「誰も見てくれなかったら恥ずかしい……」と思ってしまうかもしれませんが、有名人でもない限り誰でもはじめはそうなので、大丈夫です。

最初は見てもらえないのが当たり前、と思って、とにかくコンスタントにライブ配信を続けることを目標にしてみてください。そこで、見に来てくれたユーザを大切に、距離感が近くなれるコミュニケーションを心がけましょう。

「いきなりハードルが高い……」という方は、ライブのタイトルを「お悩みを募集」などに設定し、視聴者からお悩みをコメントでもらい、ライブで回答していく質問回答形式にすると、ライブを進めやすいです。

また、TikTokユーザーは気軽にコラボ申請をしてくれるので、もし申請が来たら実際にユーザーをライブに招き入れてお悩みを聞くのもいいのかなと思います。

ライブ中に使える【交流】というボタンから「ランダムQ&A」「お絵描きクイズ」など、TikTok側が用意してくれているボタンがあるので、これを試してみるのもよいですね。まずは配信者が楽しんでライブを行うことで、その気持ちがユーザーに伝わっていきますよ！

8

**TikTokにおける
広告活用**

SECTION
02

TikTokの活用をさらに加速させるために、広告を活用する方法もあります。個人でも使える安価な広告機能もありますので、用途に合わせて取り入れてみてください。

TikTokの広告リーチ力がすごい

　新しいキャンペーンやサービスをはじめるときや、アカウントの認知拡大に勢いをつけたいときには、広告を利用する方法もあります。TikTok広告の中には、大企業などで取り入れられている「＃ハッシュタグチャレンジ」などの大規模なものから、個人単位でも安価に取り入れられるプロモート機能などがあります。

　TikTok広告のすごいところは、関連アカウントへのリーチ力です。TikTok自体が、フォロー、フォロワーに関係なく動画ごとにおすすめを表示して新しい動画に出会っていく仕様になっているので、広告についてもビジネスのターゲットとなる層に確実に届けることができます。

　公式発表の調査によると、TikTokユーザーの4人に一人は、TikTokで知った後に実際に商品情報を検索または購入したことがあると回答しています。

　同じく公式の発表によると、TikTok広告が見られている確率は99％、TikTokを見た後になにか行動を起こす確率は92％、TikTokユーザーがTikTokの広告から新製品を見つける確率は52％、ユーザーがTikTokのコンテンツを集中して視聴している確率は41％となっています。

195

広告を出すことで2つメリットがあります。ひとつはLPなどのリンクに直接飛んでもらえること、もうひとつは、TikTokのプロフィールに飛んでもらうことができる、ということです。

LPなどのリンクに誘導する方法は、飛んだ先のページに直接的に集客することができ、購入してもらえるチャンスになります。9割のユーザーが、広告の親指の位置にあるリンクに飛んでくれることがほとんどです。

広告のリンク先に興味を持ってもらえなかったとしても、TikTokプロフィールを見てもらうことができれば、投稿自体に興味をもってくれたり、発信内容に興味を持って、もっとあなたのことを知りたい！他の投稿もみてみたい！と思った方が、ファンになったり、フォロワーになってくれることが期待できます。

ユーザー次第にはなりますが、リンクにもプロフィールにも両方に飛んできてもらえる可能性ももちろんあります。

TikTokのプロモート機能

TikTokプロモートは、TikTokに投稿した動画をユーザーのおすすめ欄に優先的に表示できる広告機能です。このプロモート機能を活用することで、投稿した動画の閲覧数を伸ばしたりフォロワーを増やしたりすることができます。広告アカウントを作成しなくても、利用できます。

また、プロモート機能は、他の広告に比べて手軽な料金であることも魅力です。希望する動画の閲覧数によって費用が変動する仕組みになっており、ユーザーに1回表示するための費用は約0.1〜0.2円と、コストを抑えて運用することができます。配信設定で、1日あたりの予算と配信期間を決めるため、予算オーバーすることなく計画的に広告を配信することができます。

プロモートで表示された動画には、おすすめで表示される際「広告」の表示が出るものの、それ以外の見え方は一般的な動画投稿と変わらないため、広告感を極力なくした形で動画の露出を増やすことができます。

　しかし、同じ動画を何回もプロモートしていたり、動画の内容によってはユーザーに広告だと気づかれたり、邪魔だと思われてしまうこともあります。

　まず、動画制作に力を入れ、目新しさや興味・関心のある内容にすることで、より自然にユーザーに受け入れられる動画の配信が可能となります。

　TikTokのプロモート機能は全ユーザーのTikTokアカウントで始めることができるため、企業や個人アカウント問わず利用することが可能です。

プロモート機能の使い方

　TikTokのプロフィール画面右上の三本線をタップし、表示されたメニューの中から「クリエイターツール」をタップします。

　クリエイターツールの中から「プロモート」をタップします。プロモートの作成画面から「他の目標に向けてカスタマイズしたプロモーション」を選択します。

　プロモートの「目的」と配信する「コンテンツ」をそれぞれ設定します。プロモートの「オーディエンス（ターゲット）」と「予算と期間」をそれぞれ設定します。最後に、予算と期間に応じて必要な費用が表示されるので、支払いが完了すると、プロモート動画を公開することができます。

01 プロモートをタップします。

02 プロモートの配信設定をします。

　プロモートで使用する動画につけてある楽曲は、著作権違反にあたらないよう注意しましょう。動画編集の段階で、使用する素材に問題がないかを確認しておくことが大切です。

　また、プロモートを利用することによって、配信した動画を一定数のユーザーに閲覧してもらうことはできますが、それだけではより多くのユーザーに認知してもらうための「バズり」が起きるかどうかは内容次第です。

　CHAPTER-5で紹介したポイントを押さえて、視聴したユーザーの共感・興味を引きつけられる動画であることが重要です。

広告から購買に繋げるコツ

　TikTokを使って商品の購買に繋げるためには「いかに広告感を消し

てエンターテイメント感を出すか」にかかっています。

　TikTokが発表している購買行動の調査によると、消費者は選択肢が多くなるほど決断しにくくなるということが分かっています。さらに、ユーザーもデジタル情報の取捨選択にも慣れているので広告らしい広告はユーザーをしらけさせてしまい、購買意欲を削がれる、という人も一定数居ることがわかっています。

　楽しさを求めるユーザーが集まるTikTokというプラットフォームを最大限に活かすため、TikTokユーザーに受け入れられるようなアプローチが重要となってきます。単なる娯楽や、機能的な説明だけではなく、そこに消費者が楽しいと思えるようなコンテンツや体験が加わることで、動画を見たユーザーが顧客に変わります。

　作り込み過ぎずTikTokらしい、ある意味素人っぽさや、商品やサービスのストーリー、参考になるライフハックなど、「生活者の邪魔をせず、わかりやすく楽しませてくれる」広告が受け入れられやすい傾向にあります。

　企業がプロモーションのために起用するTikTokクリエイターは、まさにその役割をになっていて、商品とユーザーを結びつける重要な存在となっています。

　自らの知識と体験をベースに楽しく製品・サービスを紹介するクリエイターによって、広告でよくある「知ってるけど買ったことはない」という状況を、「私も使ってみたい！「欲しい！」に変化させています。

企業のTikTok活用の事例

　ヘアケア・美容家電などのカテゴリを中心に事業展開する株式会社I-ne（アイエヌイー）は、TikTokクリエイターを起用した動画を起点

に、1万円以上する「SALONIA イオンフェイシャルブラシ」の売上増に成功しています。同社は、美容に感度の高いインフルエンサーを起用し、まず使用感などの評判を作って拡げる、という「評判の種（震源地）を作る」部分をTikTokで行っています。

　SALONIA洗顔ブラシでは、TikTokクリエイターを起用し「ブラシを当てても卵黄が割れない」様子を見せることで、肌触りを伝えるエンターテインメント性の高い動画を作りました。動画配信からすぐに話題を集め、翌日にはECサイトの美容家電ランキングで上位に急上昇したそうです。

　アルバイト・パート求人情報サイト「バイトル」もTikTokを使ったプロモーションを継続的に行っています。バイトルは、動画で職場の雰囲気を紹介したり、アルバイトを始める前に実際に職場体験の場を提供したり、求職者の方が抱く事前の不安を取り除けるような取り組みも行うなど「ユーザーファースト」の理念を大切にしています。この考えにTikTokがマッチすると考え、様々な施策を行っています。

　その取り組みのひとつとして、「押しの強すぎる広告」ではなく、若年層に興味を持って支持されるようなコンテンツを目指して制作されたのが、同じ層に支持されているアーティストとの楽曲制作コラボでした。

　新生活に不安を抱えている人たちの実際の悩みを募集し、歌詞に反映させたことでユーザーの気持ちを代弁した楽曲となり、リリースから2週間弱で300万回以上再生され、想像以上の反響が出たそうです。

　上の2つの事例のように、TikTokで広告を出せばすぐさま商品が売れる、ということではなく、ユーザーが商品に興味を持って購入するまでの、どの部分をTikTokで担うか、あくまでも投稿クリエイター側の伝えたい情報ではなくユーザーに受け入れられるにはどのような魅せ方がよいのか、戦略を練ることがTikTokの発信においても広告活用

においてもカギとなります。

リスト獲得してビジネスにつなげていこう

　広告であっても通常のショート動画であっても、直接的なセールスは離脱の原因になってしまいます。面白い・興味を持たれる動画から、さらに知りたいと思ってくれたユーザーにメールマガジンやLINE公式アカウントなどに登録してもらうことで、継続的な関係性となり、はじめて商品にも興味を持ってもらえます。

　TikTokのユーザーは反応率が高い傾向があるといわれており、将来的に顧客となる可能性をおおいに秘めています。商品やサービスを販売していくには、TikTok経由でいかに将来顧客となるリストを集めることができるかが本当に欲しい結果に繋がっていきます。

　LINE公式アカウントなどにリストを集めることが出来たら、プレゼントコンテンツの提供の条件としてアンケートなどを入れることで、リストの詳細な属性が分かります。TikTokのユーザー時点では、そのアカウントがどんな人であるかの情報が明確でないので、リストの詳細な属性を取ることで、自分がこういう人に興味を持たれているという判断ができるようになります。

　どのような年齢、性別で、どんな職種の人が興味をもって見ているのかを知ることによって、自分が本当に届けたいところに届いているのか、届ける内容は合っているのか等の判断材料にすることができます。

8 新時代！
AIを活用して効率化

SECTION
03 TikTok運用には、AIを便利に活用することで制作効率やクオリティがぐっと上がります。ただし、注意すべき点もあるので確認して使用してください。

新時代はAI活用も鍵

TikTokではAIを活用して収益化を目指すクリエイターもいます。AIの生成機能でつくられた画像や動画を発信の素材として使用したり、AIで文章や台本を制作したり、AIクリエイターといって画像や動画をつくること自体を仕事にしている方や、そのやり方を教える人、AIで作った自分のアバターを動画に登場させるなど、無限の活用法があります。

とても便利で、活用次第でビジネスを加速してくれるAIですが、使用する際には注意するべき点があります。

TikTokでは、完全にAIによって生成されたコンテンツ、またはAIによって大幅に編集されたコンテンツに「ラベル」をつけることをクリエイターに求めています。ラベルがつけられた動画には「クリエイターがAI生成のラベルを付けました」という表示が追加されます。

ラベルをつける方法は、投稿画面で「その他のオプション」をタップします。AI生成コンテンツの設定をオンにします。そして投稿をタップすると、ラベルがついた投稿になります。一度「クリエイターがAI生成のラベルを付けました」のラベルが動画に追加されると、変更することはできません。

AI生成コンテンツのラベルを利用するほかに、独自の明確なキャプションや透かし、またはステッカーを追加することによって、表記することができます。

AI生成コンテンツをオンに設定します。

ラベル付けが求められるAI生成コンテンツとは

AI生成ラベルをつけることが推奨される動画とは、どのようなものが該当するのでしょうか。

TikTokでは、AI生成コンテンツの例として、

- 実在の人物が話している様子が表示される動画で、その人物の画像、声、言葉がAIによって変更または修正されている
- 実際に発生した場面や出来事を取り上げた動画または画像で、その場面や出来事がAIによって変更または修正されている
- 実在または架空の人物、場所、出来事が表示される、完全にAIが生成した動画または画像

とされています。

AIを使用して画像を編集したり、ビデオ内の人々の顔や声を切り取

ったり置き換えたりすることで、コンテンツをよりユニークで斬新な
ものにすることができますが、それは同時に、ニュース、虚偽の情報、
歪曲、悪意のある目的に使用される可能性があります。このため、ク
リエイターにAI生成コンテンツにラベルを付けるよう義務付けること
で、ユーザーが本物のコンテンツと偽物のコンテンツを区別できるよ
うにしています。

AI生成コンテンツが禁止されているもの

　TikTokでは、実在または架空の人物の画像または音声が使用されて
いる、以下の種類のAI生成コンテンツは禁止されています。

- **著名人（政治的または商業的な目的で使われている場合）**
  TikTokが定義する著名人とは、一定の公的な立場にある成人（18
  歳以上）のことで、政府の当局者、政治家、ビジネスリーダー、
  セレブリティなどが含まれます。
- **一般人**
  TikTokが定義する一般人とは、著名人以外のすべての人のこと
  で、18歳未満の人も含まれます。

　上記に該当するものは、AI生成コンテンツのラベルがつけられてい
る場合でも同様で、コンテンツが削除される場合があります。

TikTok運用で活用したいAIツール

　ルールを守って使用すれば、AIを取り入れることで様々な行程にか
かる時間を一気に削減することができます。TikTokの動画制作の過程
では、動画の企画から編集、投稿まで次のような場面で活用すること
ができます。

- トレンドやユーザーの興味等を踏まえたアイデア出し
- 動画台本のたたき台作成
- 動画編集の補助や画像・動画の生成
- 字幕やテロップの自動生成
- ユーザーの好みに合わせたフィルターやエフェクトの提案
- 動画で使用する音楽の生成

TikTokの動画制作で取り入れるのにおすすめのAIツールを紹介します。

■ AIグリーンスクリーン

TikiTokのアプリ内に搭載されているAI画像ジェネレーター機能です。生成したい画像のイメージをテキストで入力すると、TikTokの動画で使用できる背景画像を生成してくれます。

■ ChitChop

TikTokを運営するByteDance社がリリースしたAI搭載のアシスタントアプリです。200種類以上のAIチャットボットを1つのアプリに集約しており、テキストによる議論や画像生成などのタスクをこなせます。

■ MagicAnimate

ByteDance社が開発したアニメーション生成AIツールです。画像や動画をアップロードすると、オリジナルのアニメーションを自動で生成してくれます。

生成AIを上手く活用することで、従来よりも作業時間を時短することができるうえ、自分一人では生み出せなかったハイクオリティな動画を作成することができます。

■ おわりに

お楽しみいただけましたか？

突然ですが、あなたにとって時間を忘れてしまう「夢中」になれることは何ですか？

私にとっての「夢中」は、ディズニーに行った時に、まだ見たことのない体験をしている瞬間はもちろん、「自分にはこんなことできないよ……」と自分自身の可能性にフタをしていた人が、自分の本当の能力に気付いて「私できるじゃん！」と、心が動いている瞬間に立ち会うこと、そしてこれが感じられる日常です。

今は、本当に毎日が楽しくてしょうがないです。

今回の出版の機会をいただいてからも、私の周りで色んな物語が生まれ、色んな人の才能の開花の瞬間に立ち会えました。『TikTokの本を書く』の事象の中にたくさんの「楽しい！」を私たち自ら作り出し、楽しむことが出来たから。もちろん追い込まれて大変なこともありましたが……（笑）

今思うと、それすらもエンターテイメントのひとつです。

「夢中で毎日を過ごしていれば、いつかはわかる時が来る。」昔から私が大好きな言葉です。

日々、色んなことが起きて、自分は無力だなと落ち込むこともあったり、「私の人生の意味は？」「私って何者？」そんなことで頭をいっぱいにすることもあると思いますが、いつかわかる時がくると信じて、今を楽しみたいものですね。

執筆にあたり、たくさんの人にありがとうを伝えさせてください。

マーケティングや人としての在り方をご教示いただき、鶴の一声で人生を変えてくれた横山さん。

現実世界の成り立ちや仕組みを教えていただいた、恩人の石山さん。

どんなことも面白がって一緒に挑戦をしてくれるまさねんさん。

たくさんのチャンスをくれて引き上げてくれた、田中さん。

今回出版の機会を作っていただいた椎名さん。

誰よりも会社やチームのことを大切に考えてくれて、どんな大変な状況でも楽しんで「できる！」と思わせてくれる、ゆき。

出版を通して開花してくれたどこまでも真っ直ぐな、まべちゃん。

弱音も吐かず妥協せず、私らしい本づくりにとことん付き合ってくれた、かほりさん。

何もない主婦からここまで来るのに、ずっとサポートして一緒に走ってきてくれた根性の、なな。

自分のやりたいことにワガママな私のことを理解してくれて、いつも応援してくれる家族。

最後まで本書を読んでくださったあなたに、心からありがとうございます。

この本を通して少しでもあなたが「TikTokなんか楽しそう！」「私にも出来そう、やってみよう！」「ビジョンに共感するファンを集めるぞ！」そんな風に1mmでも心が動いていたら、本望です。

もっと、大人が心動くことを日常に。

株式会社emo 今井みさき

著者紹介

今井 みさき（いまい みさき）

株式会社emo代表取締役

1991年生まれ。世界のディズニーパーク全て回った生粋のディズニーマニア。
幼少期からディズニー映画を見て育ち、人はどんなときに「心が動くのか」を自然と体得。
「感情」がビジネスや人生の価値観に大きな影響を与えることを発信している。

会社員時代に病気宣告を受けた当時、社会の指標に合わせて「自分の人生を生きていなかった」ことに悔しさを感じた経験から、「本当に好きなことだけで生きていく」と決意。心から楽しいことを後回しにしている大人がたくさんいる社会を変えるため、『もっと、大人が心が動くことを日常に。』をビジョンに掲げ株式会社emoを創業。

SNSプロデュース事業と女性起業家支援のビジネスコミュニティを運営しており、両者をマッチングすることで多くの人にチャレンジの場を提供している。

執筆協力●清水由紀、加藤春佳、もんかほり
編集協力●金城有紀、山田稔

PDCAを回して結果を出す!
TikTok集客・運用マニュアル

2024年5月23日　初版第一刷発行

著　者	今井 みさき
発行者	宮下 晴樹
発　行	つた書房株式会社
	〒101-0025　東京都千代田区神田佐久間町3-21-5　ヒガシカンダビル3F
	TEL. 03（6868）4254
発　売	株式会社三省堂書店/創英社
	〒101-0051　東京都千代田区神田神保町1-1
	TEL. 03（3291）2295
印刷／製本	シナノ印刷株式会社

©Misaki Imai 2024,Printed in Japan
ISBN978-4-905084-77-8